Hansjörg Büc

Studien zu Grimmelshausens
Landstörtzerin Courasche

(Vorlagen / Struktur und Sprache / Moral)

Europäische Hochschulschriften

Publications Universitaires Européennes
European University Papers

Reihe I
Deutsche Literatur und Germanistik

Série I   Series I

Langue et littérature allemandes
German language and literature

Bd./vol. 51

Hansjörg Büchler

Studien zu Grimmelshausens
Landstörtzerin Courasche
(Vorlagen / Struktur und Sprache / Moral)

Verlag Herbert Lang & Cie AG
Bern und Frankfurt/M.
1971

Hansjörg Büchler

Studien zu Grimmelshausens Landstörtzerin Courasche

(Vorlagen / Struktur und Sprache / Moral)

Verlag Herbert Lang & Cie AG
Bern und Frankfurt/M.
1971

Druck: Lang Druck AG, Liebefeld/Bern (Schweiz)

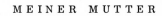

MEINER MUTTER

INHALT

VORWORT

Gewiss wird niemand bestreiten, dass Grimmelshausens 'Lebensbeschreibung der Ertzbetrügerin und Landstörtzerin Courasche' unter den Simplicianischen
Schriften zunächst eine Sonderstellung einnimmt. Für Grimmelshausen ungewöhn-
lich sind die fast novellistisch strenge Bezogenheit aller Romanepisoden, das kon-
sequente Durchhalten der einen Ich-Perspektive, die Identität von erzählendem
und miterlebendem Ich, die keine Besinnung und Beschaulichkeit aufkommen lässt,
das Tempo und die Bewegtheit der Erzählung; unerhört für den Moralisten Grimmelshausen sind die in Buchtitel und 'Zugab' buchstäblich an die Ränder der Erzählung abgedrängten erbaulichen Exkurse und Reflexionen. Hier wird offenbar
viel leichtsinniger erzählt als im offeneren aber auch glaubenstieferen 'Simplicissimus', in dessen Komposition sich so vieldeutige und mangelnd bezogene Teile wie die Julus-Avarus-Allegorie eindrängen und christliche Reflexion immer
wieder den Gang der Handlung unterbricht. Anders auch als im 'Springinsfeld'
mit seiner spannungsloseren und improvisierenden Gesprächsatmosphäre, in der
zur Ergötzung und vielmehr noch zur Belehrung des christlichen Lesers Gaukel-
tasche, Alchimistisches (Weinzauber) und das unsichtbar machende Vogelnest
zutage gefördert werden. Und anders als im exemplahaften 'Vogelnest' mit seinem gedankenträchtigen moralisch-allegorischen Schluss.
Es stellt sich nun die Frage, wie wir dieses augenscheinliche Aussetzen
der Moral in der 'Courasche' beurteilen wollen?
Lassen wir uns als moderner Leser wie Hans M. Enzensberger (vgl. sein
Nachwort zu dtv Nr. 76) von der atemberaubenden Lebensfahrt der ebenso ver-
führerischen wie wilden Landstörtzerin mitreissen, dann glauben wir mit ihm,
dass der Moralist Grimmelshausen, wie später Bert Brecht, dem Zauber solch
ungebundener Existenz und unbeugsamen Lebenswillens in seiner Heldin erlag.
Andererseits wissen wir aus einem Brief der Herzogin Sophie von Hanno-
ver an ihren Bruder Karl Ludwig, Kurfürst von der Pfalz († 1680), dass sie als
tugendliebende christliche Leserin nicht nur am 'Simplicissimus', sondern auch
am gepfefferten Picararoman 'Courasche' Gefallen finden und sich erbauen konnte. 1) Es nimmt uns nun wunder, ob sie denn nur eine bei Grimmelshausen allerdings sonst wohlberechtigte Erwartung in die 'Courasche' hineingetragen hat,
welcher der Roman jedoch in keiner Weise entsprach - ob sie die ethische Spannung zwischen Sein und Sollen aus ihren eigenen wie zeitgenössischen Voraussetzungen heraus selber erzeugte, ohne weitere Anhaltspunkte im Roman? Oder
konnte die Herzogin tatsächlich in der 'Courasche' dauernder frommer Hinweise
und Werturteile gewiss sein, nur dass sich diese (z. B. als Allegorie) uns heutigen Lesern verdunkelt hätten? Die Schwierigkeit besteht für den Interpreten
darin, dass er sich in seinem Urteil über den Roman nicht allein auf die Ergebnisse historisch-kritischen Lesens abstützen darf, denn Rhythmus, Einlässlich-
keit des Erzählens usw. enthalten ihrerseits Aussagen über den I n h a l t. Dichtung, auch erbauliche Dichtung, ist ja nie bloss beeinträchtigte und aus didaktischen Gründen poetisch überzuckerte Theorie. Die Barockpoetik und Grimmelshausen sind, so betrachtet, mit ihrer Gewissheit eines nützlichen (=christlich-
ethischen) Kerns jeder hohen Dichtung, der sich aus der überzuckerten oder ver-

goldeten Schale herauslösen lasse, in einem Irrtum befangen, genauso wie alle Interpreten, die ausschliesslich diesen Sinnkern aus der Dichtung herauslösen wollen.

Eine mögliche Lösung kann sich nur aus einem behutsamen Vergleich der Ergebnisse historisch-einlässlicher Forschung und unvoreingenommenen Lesens ergeben.

In der vorliegenden Arbeit werde ich zuerst versuchen, die gattungsmässigen, stilistischen, motivischen Vorbilder der 'Courasche', allgemein: ihren literarischen Ort zu bestimmen. In einem zweiten Teil soll die allegorisch-moralisch-anagogische Interpretation zur Sprache gebracht werden. Eine solche hat jetzt in zuchtvoller Weise Mathias Feldges in seiner Dissertation vorgelegt. Wieweit allenfalls Grimmelshausen selber die geplante Allegorie entwertet hätte, ist Gegenstand der darauffolgenden Abschnitte.

Die 'Courasche' ist nicht der bedeutendste Roman des Gelnhausener Dichters. Doch kann man auch in ihr charakteristische Arbeitsmethoden und Denkvorgänge Grimmelshausens erkennen und - oft gerade durch ihr Anderssein - Einsicht in den 'Simplicissimus' gewinnen, in dem wir den menschlich reichsten, gerade in seiner Arglosigkeit unergründlichsten Roman des ganzen Barockjahrhunderts bewundern.

Nicht zuletzt führt die Beschäftigung mit der 'Courasche' zu Einsicht in Spracheigentümlichkeit, Kompositionsgesetze, Aufbauformen der Epik überhaupt, denn Grimmelshausen ist (auch in der 'Courasche') ein besonders typischer Erzähler wie vielleicht nur Wolfram vor ihm. Offenbar liegt es im Wesen des Epischen und ist nicht mit der Eigenart der beiden Erzähler zu begründen, wenn aus ihren Hauptromanen je ein Zweitroman herauswächst, der auf einer Nebenfigur und einer Nebenhandlung des grossen Romans aufgebaut ist. Oder um ein beliebiges modernes Beispiel heranzuziehen: Auch bei Faulkner (und Maupassant) gibt es wie bei Grimmelshausen novellistische Vorstufen zu später als Episodenhandlung im Roman eingebetteten Erzählteilen. Und auch bei ihm dienen die Kunstgriffe in der Gesprächsführung der Unmittelbarkeit des Ausdrucks (nicht modernistischem Stilwillen), dem möglichst direkten, unverstellten Sich-Aussprechen. In diesem Sinn ist der dritte und vierte Teil über die Oekonomie der Erzählung und deren Ironie und Sprache zu verstehen als ein lockerer Beitrag zu einer vergleichenden Strukturanalyse des Gesamtwerks von Grimmelshausen.

I. VORLAGEN

1. AUSBLICK: LITERARISCHE ANREGUNGEN, VORBILDER, VORLAGEN

Es ist bekannt, dass Grimmelshausen mit einer Unbekümmertheit Stoffe und Motive der zeitgenössischen Literatur in seine Romane und Kalender übernahm, die ihn nach heutigen Begriffen zum Plagiator stempelt. Er überträgt wörtlich ein langes Kapitel aus Garzonis 'Allgemeinem Schauplatz' in den 'Ewigwährenden Calender'. Für viele Episoden im 'Simplicissimus' und in den 'Vogelnestern' können als Vorlage Schwänke aus Pauli, Kirchhof, Bebel, Wickram nachgewiesen werden. Für die Form des 'Ratstübel Plutonis', von dem Scholte noch glaubte, es sei eine heitere Travestie einer Gerichtssitzung in Renchen (an der Grimmelshausen als Schultheiss teilgenommen hätte), hat G. Weydt als Vorbild die 'Frauenzimmer-Gesprächsspiele' Harsdörffers namhaft gemacht.

Man sieht die grosse Bedeutung solcher Nachweise für die Interpretation eines Textes, gerade wenn zum Beispiel die in der Forschung immer wieder auftauchende Frage nach dem realistischen Gehalt der Romane Grimmelshausens gestellt werden soll: ob und wieweit Personen, Gespräche, Probleme aus dem Leben gegriffen sind; ob Grimmelshausens gespanntem Lebensgefühl nicht in erster Linie die grotesk übersteigerte Welt der deutschen Schwanksammlungen Stoff und Anregung bot und erst in zweiter Linie die neutrale Tatsächlichkeit?

Und ebenso bedeutungsvoll ist die feinere Unterscheidung der entlehnten Stücke nach Literaturgattung und Kulturkreis, denn es ist nicht dasselbe, ob sich Grimmelshausen in seinem Arbeitsprozess an eine präzis erzählte Boccaccio-Novelle erinnert und diese in den Roman einflicht, oder ob er aus Schwanksammlungen Eulenspiegeleien entlehnt.

Aus der Inventarisierung der Differenzen zwischen Vorlage und Neufassung bei Grimmelshausen müsste sodann - und dies ist der wichtigste Punkt - bei uns zuletzt ein Bild von der Originalität, von den eigensten Gestaltungsmöglichkeiten und -absichten Grimmelshausens entstehen. Wer vergleicht, wie Grimmelshausen die spielerische Oberflächlichkeit der Arztnovelle, die er aus der 'Landstürtzerin Justina' entnimmt, in seinem 'Vogelnest' mit der ethischen Schuldfrage durchbricht und den Erzählablauf durch die perspektivische Ich-Darstellung aufstaut, spannt, im Tempo variiert, der hat sehr konkrete Aussagen über die pessimistische Tendenz und den dunklen Stil des 'Vogelnests' (II) zu machen. So will ich mit der positivistischen Untersuchung der möglichen Anregungen, Vorbilder und Vorlagen für die 'Courasche' nur die notwendige Vorarbeit für spätere Darstellungen leisten.

Grimmelshausen hat - um das Ergebnis vorwegzunehmen - nachweislich Textstellen aus Pseudo-Moscherosch (1645), aus Garzonis 'Allgemeinem Schauplatz' und aus dem Geschichtswerk Wassenbergs (Teutscher Florus) sowie einen Schwank aus Bebels 'Facetien', wahrscheinlich in der Fassung des Hans Sachs, in die 'Courage' übernommen. Diskutierbar sind direkte Entlehnungen aus Harsdörffers 'Heraklit und Demokrit' und der 'Landstürtzerin Justina Dietzin'. Um zu zeigen, dass dieser mit italienischer Wissenschaft, Novellistik und Moral wie ein Schwamm vollgesogene Picara-Roman für die klarer konturierte 'Courasche' nicht in künstlerischer Hinsicht vorbildlich werden konnte, empfahl sich, auf seine verwickelte (und dem Zufall unterworfene) Entstehungsgeschichte einzugehen; um den Aussagewert der von Grimmelshausen wahrscheinlich aus der 'Justina' entlehnten Motive zu bestimmen, mussten sie mit denjenigen der übrigen ins Deutsche übertragenen Schelmenromane verglichen werden. - Trotz ausgedehnter Lektüre in Wickram, Bebel, Kirchhof, im Eulenspiegel usw. fehlt mir immer noch der Nachweis von mindestens drei Schwänken der 'Courasche', von denen ich aus später anzugebenden Gründen nicht glaube, dass sie Grimmelshausens eigene Erfindung sind. 2) - Eine Kenntnis der 'Celestina', vielleicht auf Umwegen, ist in Erwägung zu ziehen, der Einfluss der Schelmenromane 'Gusman' und 'Lazaril' gesichert: Denn wenn Grimmelshausen im 'Simplicissimus' die Anregung des Aegidius zur Moralisation und des Freudenhold zur Polyhistorie aufnahm und damit die künstlerische Bedeutung der dem spanischen Schelmenroman latent innewohnenden Weltoffenheit und seiner fast unbegrenzten Dehnbarkeit erkannte, so führte er in der 'Courasche' gleichsam die zweite Möglichkeit des spanischen Ich-Romans aus, die in der Psychologisierung, oder vorsichtiger, in der konsequenten perspektivischen Auffassung des Erzählstoffs lag.

2. DIE VORLAGEN IM EINZELNEN

a) Lopez de Ubeda 3): La Picara Justina

Wegen der grossen Bedeutung des spanischen Picararomans für Struktur und Stoffe des 'Simplicissimus' lag es immer schon nahe, in der 'Landstürtzerin Justina Dietzin', einer anonymen Uebersetzung der 'Picara Justina', das Vorbild für die 'Courasche' zu vermuten; und man konnte die Beeinflussung Grimmelshausens durch Lopez auf dem breiteren Hintergrund des Einstroms spanischen Prosaschrifttums in die deutsche Barockliteratur sehen, dem sich an Ausdehnung nur der Einfluss der französischen Romanliteratur auf die deutsche Dichtung des Hochmittelalters vergleichen lässt. Vielgelesene Uebersetzungen spanischer Werke ins Deutsche waren die 'Celestina' (1520), das 'Leben und Wandel Lazaril' von Tormes' (1614), der 'Gusman von Alfarche' (1615 durch Aegidius Albertinus), 'Isaac Winckelfelder und Jobst von der Schneid' (1617 durch Niclas Ulenhart), die 'Landstürtzerin Justina Dietzin' (über italienische Vermittlung 1620/27), bis auf die 'Celestina' alles Schelmenromane. Der Uebersetzungsstrom nahm auch die Gattungen der Satire, der Erbauungsliteratur, der Amadis- und Schäferromane, novellistisches, mystisches (und philosophisches) Schrifttum mit: Moscherosch verwandelt in den 'Gesichten Philanders von Sittewalt' die Sueños des Quevedo y Villegas in deutsche Sprache und Verhältnisse; der von Joachim Caesar als Literatursatire gegen den Amadisroman verstandene 'Don Kichote' gehört in die gleiche Reihe; Aegidius Albertinus übersetzt grosse Partien aus dem Werk Guevaras, Hofpredigers Karls V. , unter anderem den von Grimmelshausen für die Einsiedlerhandlung des 'Simplicissimus' (Buch V) benutzten 'Contemptus vitae aulicae et laus ruris'; die Uebernahme der Amadisromane erfolgt in verschiedenen Lieferungen von 1569 - 95 (über französische Vermittlung); um die 'Diana' Montemajors bemühen sich als Uebersetzer der Freiherr von Kuffstein und später Harsdörffer. 4) Und ebenso muss die Lehre Arndts auf noch nicht geklärte Weise mit den schriftlichen Aeusserungen der spanischen Mystikerin Teresa de Jesus zusammenhängen (Tiemann, Das spanische Schrifttum in Deutschland, S. 79 ff).

In neuerer Zeit hat man sich dann dieser nie recht verifizierten These von einem direkten Zusammenhang zwischen der 'Justina' und der 'Courasche' kritisch, aber im ganzen recht undeutlich entgegengestellt:

G. Weydt: "Dazu (zu Lazaril, Gusman, Isaac Winckelfelder) tritt dann neben anderen noch das weibliche Gegenstück zu diesen Gestalten, die 'Picara Justina'. Die deutsche Fassung ist ein formloses Machwerk, in dem man bis heute - in vieler Beziehung wahrscheinlich zu Unrecht - das bestimmende Urbild der 'Landstörtzerin Courasche' hat sehen wollen."

"Auch die 'Courasche' (1670) verdankt ihre Form und ihre Stoffe wahrscheinlich weniger der 'Justina' - nur der Gedanke eines weiblichen Gegenstücks zum Picaro mag daher stammen - . . ." 5)

H. Tiemann: "Wenn Grimmelshausen durch diese Picara (Justina), einen weiblichen Schelmen, zu seiner 'Landstörtzerin Courasche' angeregt worden ist, kann man nur sagen, dass er einen ungeheuren Abstand zwischen der 'moza alegre' Justina und dem liebestollen Weibsteufel Courasche hat entstehen lassen." 6)

Rausse hält den Kontakt zwischen 'Justina' und 'Courasche' für fraglich. Kelletat stellt lediglich fest, dass schon im spanischen Schelmenroman neben den Picaro die Picara getreten war.

Scholte, der Grimmelshausenforscher und -herausgeber, macht als Prototyp für die Courasche die in verschiedenen Anekdoten des 'Ewig-währenden Calenders' auftretende Mätresse im Sauerbrunnen namhaft. Da aber die in Frage kommenden Anekdoten auf die Magd der Courasche, also die natürliche Mutter des jungen Simplicissimus gemünzt sind (Nr. XI, XII, XXXXIV), kommt diesem Hinweis kleinere Bedeutung zu als dem auf den Spielmann und 'Braters-Geiger' des Kalenders, in dem man sicher zu recht den Prototyp des Springinsfeld vermutet.

Hat Grimmelshausen die 'Landstürtzerin Justina Dietzin' überhaupt gekannt und gelesen?

Im II. Teil der 'Landstürtzerin Justina' ist einer alten Erzählerin die Novelle vom dumm-schlauen Turbon in den Mund gelegt, 7) den seine junge Frau mit seinem Neffen betrügt. Im Pseudo-Moscherosch von 1645 (ZB ZH/Ch 314), den Grimmelshausen kannte, findet sich (Bd. V, S. 140) dieselbe Novelle von Turbon, Polisenna und Scipio. Und im gleichen fünften Band werden auch die ganze Herkommensgeschichte und die Erlebnisse der Justina (1. Teil) erzählt!

Der Kompilator hat die Fabel zwar in drei Phasen auseinandergenommen und sie auf drei ganz verschiedene Personen, die sich nichts angehen, verteilt. Doch sonst hält er sich eng und zumeist wörtlich an die 'Justina'. Ein Beispiel: 'Justina' schildert in grotesker Grausamkeit und Fühllosigkeit den Tod ihrer Mutter (die als Diebin an einer zu gierig verschlungenen Wurst erstickt): Pseudo-Moscherosch V, S. 217: "Ich stund auch bey ihr / wie sie verschied / und wartet mit höchster Verwunderung / wie doch die arme Seel durch einen so engen Weg wolte herauss kommen / deren es jhr in dem Abschied ohn allen Zweiffel uber die Massen sawer worden."

Justina I, S. 153: "Ich stund bey jhr / wie sie verschied / und wartet mit höchster verwunderung / wie doch die arme Seel durch einen so engen Weg wolte herauss kommen / deren es jhr in dem Abschied ohn allen zweiffel über die massen sauwer worden."

Die dritte Phase behandelt einen Ueberfall auf Freymund und Philander und die Bedrängung ihrer Reisegesellschafterin durch den Oberst - er entspricht Peter Grull in der Justina. Wie dieser ordnet er ein Bankett an. Philander, Freymund und das Fräulein entfliehen der betrunkenen Gesellschaft. Könnte nun nicht die Gefangennahme der Courasche durch den sadistischen Major und dessen Gastereien durch diese Szene angeregt worden sein? Dies umso mehr, als im Pseudo-Moscherosch die aus der 'Justina' plagiierten Stellen unmittelbar an die Novelle vom Kampf um die Hosen anschliessen, die Grimmelshausen nachweislich für die 'Courasche' verwendete? Die Frage mag offen bleiben. Aber in einem Fall geht die vermutete Linie von Lopez zu Grimmelshausen wahrscheinlich nicht über den Pseudo-Moscherosch, sondern Grimmelshausen hat in seiner raschen und nicht skrupulösen Arbeitsweise ganze Seiten aus einer längeren Novelle der Justina fast wörtlich abgeschrieben. Es handelt sich um die grelle und zynische Arztnovelle im 'Vogelnest II'. Diese Entlehnung scheint der bisherigen Grimmelshausenforschung entgangen zu sein. Kelletat meint, der Dichter habe die Novelle einer französischen Liebesgeschichtensammlung ('Les Faveurs et les Disgrâces de l'amour, ou les Amans (!) heureux, trompés et malheureux' II, 1) in freier Uebersetzung entnommen. Nur als Beweisstück für den engen Zusammenhang mit der 'Justina' sei die Beschreibung der nächtlich beschimpften Frau in beiden Versionen wiedergegeben:

'Justina' II, S. 245: "Dz verschimpfft und beschämbte Weib hatte nichts / dann speychel / welcher bitter / als die schärpffste Gall / in ihrem Mundt / Fewer unnd Flammen unter ihren Wangen / und gifftige Strahl in ihren Augen / welche sie im geringsten nit über sich heben wolt. Es hatte ihr Angesicht das Ansehen / als sey es ein Wohnung der hellischen Geister / . . ." 8)

'Vogelnest' II, S. 196: 9) "Diese war damahl vom Zorn gantz eingenommen und besessen / sie hatte nichts als scharpffe Gall im Maul / gifftige Stralen in den Augen / ein grimmige Wuth im Hertzen / Feuer und Flammen in ihren Backen / und ihr gantz Angesicht sahe auss / gleich als ob die Höllische Geister sich dort einlogirt hätten. "

In einem Vergleich der beiden Novellenfassungen wäre die Entlehnungstechnik Grimmelshausens herauszuarbeiten. So übernimmt der eigenwillige Dichter Wortlaut und Fabel nie unverändert; die Korrektur kann so geringfügig sein wie am Anfang des 'Simplicissimus' und nur aus einer einzigen in Parenthese eingeworfenen Bemerkung zu seiner Vorlage bestehen (die dort dann allerdings unter der harmlos-eitlen Welt die tiefste Verkehrung, den Triumph des Antichrists in einer apokalyptischen Zeit hervorscheinen lässt, aber so, dass der pessimistische Durchblick auf die Endzeit durch den Humor wieder verstellt ist). 10) Zumeist verändert er grundlegend: In der 'Justina' steht ein naiv-allwissender Erzähler der abgerundeten Novelle mit ihrem eigenen Schauplatz, ihrem neuen Namen, ihrer spezifischen Moral (Anerkennung der klugen, beweglichen Auffassungsgabe) gegenüber. Bei Grimmelshausen dagegen sind die Stimmen des Dichters, des Erzählers und der Novellenfiguren ineinander verschlungen: Grimmelshausen selbst hören wir, wenn in verschnörkelten und übertriebenen Wendungen in den Briefen des Arzts und Apothekers Spott über den zeitgenössischen Komplimentierstil ausgegossen wird. Den erschütterten Erzähler hören wir in den Moralisationen, die nun nicht wie in der 'Justina' als Fazit am Ende der Erzählung nachgeliefert werden, sondern als persönliche und unmittelbare Erfahrung des gealterten Ich-Erzählers in die Mitte des Erzählablaufs hineingenommen sind: Das Hauptthema des 'Vogelnests' springt plötzlich als Frage an ihn selbst, den früher Unbekümmerten, hervor:

'Aber was vermeinestu wol / was der gerechte Richter an jenem grossen Tag hierzu sagen werde?' (S. 183). Bei Grimmelshausen wächst so durch die Ich-Form das ursprüngliche Rahmenelement der im wesentlichen unbeteiligten Erzählerpersönlichkeit in die eigentliche Novelle hinein. (Der Dichter selber steht wieder auf einem andern Standpunkt.) Dieser Vorgang darf vielleicht mit dem Hereinwachsen der Fassungselemente in die Bildkomposition oder dem Herauswachsen der Bildinhalte über den Rahmen in der barocken bildenden Kunst verglichen werden. Denn dementsprechend führt Grimmelshausen die Romanereignisse über die autonome Erzählung hinaus; er missachtet hier die Spielregel der (italienischen) Novellistik, jede das heitere Spiel bitter störende Realität zu verschweigen und stellt, als völlig selbständige Erweiterung, dem Vogelnestbesitzer und dem christlichen Leser mit der Schwangerschaft der 'Beschliesserin' die Folgen des Ehebruchs vor Augen. Interessant ist, dass er in diesem realistischen Austrag einer Nebenhandlung dann doch wieder auf ein anderes Novellenmotiv zurückfällt, das wir schon aus dem 'Simplicissimus' kennen: Die Ueberraschung des schlafenden Liebespaars durch die Eltern. Grimmelshausen löst sich in seinen Romanen immer erneut in moralisch-didaktischer Absicht von seiner Vorlage, um endlich wieder nur auf ein neues Novellenmotiv einzulenken.

In einer eingehenden Untersuchung der beiden Novellen wären insbesondere die Perspektivität der Grimmelshausenschen Fassung zu beschreiben, die Umstellung ganzer Abschnitte, die Verschränkungen, die Straffung (denn Grimmelshausen springt von einem wichtigen Stichwort der Vorlage zum andern), die pointierte Abrundung (Ringmotiv!) - Beobachtungen, die sich bis ins Detail an der aus dem Pseudo-Moscherosch entlehnten Novelle im 7. Kapitel der 'Courasche' bestätigen und erst dort besprochen werden sollen.

Die obigen Entlehnungsnachweise rechtfertigen die nähere Untersuchung der 'Justina'.

Nach den Untersuchungen von Marcel Bataillon 11) ist die spanische 'Picara Justina' ein kompliziertes und in mancher Hinsicht für uns heute undurchdringliches Gebilde. Bei einer Interpretation wären mindestens die vier Gattungen des Schelmenromans, des Schlüsselromans, der Literatursatire und der 'burla cortesana' zu berücksichtigen. Letztere habe typische Motive wie den doppelten Spott über den jungen Adel beigesteuert, der sein Geschlecht aus den von Mauren und Juden unberührten Berggebieten herleitet (auch die Landstörtzerin und Diebin Justina nennt sich ironisch 'montañesa'), und der herzlos seine nichtadeligen Eltern verleugnet (ausgedrückt in der erwähnten Groteske, die sich beim Tod und Begräbnis der Eltern abspielt). Als Literatursatire wäre die 'Justina' vor allem auf den 'Guzman' zu beziehen, dessen Pessimismus sie lächelnd überspielt. Ein Schlüsselroman wird in ihr vermutet, weil sich unter Lopez ein Erzähler aus höfischen Kreisen verbirgt und sich tatsächlich Pseudonyme für Handlungsorte aufdecken lassen (z. B. Rioseco für Madrid). Ein Schelmenroman ist die 'Justina' ihrer äusseren Anlage nach: Die autobiographische Form, die niedere Herkunft der Justina und die eingestreuten Moralisationen fügen sich in diesen

Rahmen.

Die verschiedenen Stilarten durchdringen sich raffiniert. Die zentrale Episode des Romans hat die königliche Reise nach Leon (1602) zur zeitgeschichtlichen Grundlage, die Anlass zu spezifischer Gesellschafts- und Personenkritik bietet. Zugleich aber ist sie als literarische Antwort des Lopez auf Lujan (Marti) aufzufassen, der 'Guzman' an den Hochzeitsfeierlichkeiten Philipps III. (1599) teilnehmen liess. Jedenfalls zeigt die spanische 'Justina' eine Komplexheit, Kompliziertheit durch Andeutungen, Mystifikationen, literarische Querverbindungen, die vom italienischen Uebersetzer schon nicht mehr, vom anonymen deutschen Uebersetzer schon gar nicht verstanden werden konnten.

Die deutsche Uebertragung der 'Justina' folgt mit wenigen unbedeutenden Ausnahmen einer italienischen Uebersetzung durch den venezianischen Buchdrucker und Verleger Barezzo Barezzi, der im gleichen Jahr 1615 auch den 'Guzman' und 1627 den 'Lazarillo' in italienischer Sprache herausgab. Seine Uebersetzung ist eine proportionslose Erweiterung des spanischen Werks, dessen ursprüngliche Umrisse er durch moralisierende Teile (z.B. das ganze 8. Kap. über die Trunkenheit im II. Buch), vor allem aber durch den Einschub von Novellen, Tierfabeln, Götter- und Heldensagen verbaut hat. Die mythologischen Einlagen sind, nach der deutschen Uebersetzung zu urteilen, pedantisch und hölzern und von der kultivierten Eleganz, mit der z.B. ein Zesen in der 'Adriatischen Rosemund' die Ares-Hephaistossage in einem Werk der bildenden Kunst vor Augen stellt (S. 47), sehr weit entfernt. Novellen und Belehrendes unterbrechen fühllos-unvermittelt den Romanzusammenhang, und brüsk, zum Teil fast absurd, sind jeweils die Neueinsätze auf der Romanebene: Auf das neu dazugekommene Kapitel über den Schaden, den die Trunksucht anrichtet, folgen bei Barezzi als weitere Einschübe die Sage von Alkmene und noch sechs Liebesnovellen, was ihn nicht hindert, nach über 60 Seiten Exkurs dem erstaunten Leser die Moral vorzutragen, Wein und Trunkenheit bringe den Menschen um zeitliches und ewiges Leben (im Original ist diese Lehre in selbstverständlicher Fortsetzung der Romanereignisse, dort die Uebertölpelung der betrunkenen Studentenbande durch Justina, angefügt). Instinktlosigkeit beweist der Italiener auch durch die Auswahl, indem die Szenen mit dem rivalisierenden Schelmenpaar Justina-Guzman, gerade die wichtigsten des Buches, fehlen.

Ohne Klärung und Proportionierung wird die konturlose italienische 'Justina', der insgesamt über 400 Novellenseiten zugewachsen sind, vom deutschen Uebersetzer übernommen und von dem Ungebildeten nur um weitere Unstimmigkeiten vermehrt (willkürliche Reime; Verwechslung von Personen des Romans und in antiken Sagen).

Wie stellt sich nun die 'Landstürtzerin Justina Dietzin' in die Reihe der spanischen Schelmenromane in Deutschland?

W. Beck hat in seiner Dissertation den fortlaufend höheren Grad der Eindeutschung in den Uebersetzungen der Schelmenromane vom 'Lazaril' bis zum 'Isaac Winckelfelder' nachgewiesen. Der schlesische 'Laszaril von Tormes' ist eine etwas zahme, füllige, aber noch getreue Uebertragung der spanischen Vorlage. Doch schon Aegidius Albertinus entfernt sich im 'Gusman' immer weiter von seinem Vorbild und entwirft in einem zweiten selbständigen Teil ein systematisches Regelbuch des Christenlebens. Mit moralischen Einschüben, die sich bei

Aleman nicht finden, bereitet er den Leser auf die geistliche Wendung im zweiten Teil und die Einsiedlerhandlung vor. Aus didaktischen Gründen, um die Unsitten direkt anzuprangern, verlegt er den Schauplatz zeitweilig nach Deutschland. Aegidius kontaminiert erstmals das Gleichnis vom verlorenen Sohn mit der Picarohandlung. Auf den ersten eigentlichen Picaroteil des Welttreibens und Versündigung folgen im zweiten Teil Einsicht in das Leben als 'imago inconstantiae', Reue, Busse. Damit bereichert Aegidius den Schelmenroman um das christlich-moralische Kapital und die Aktualität. Der 1626 von Martinus Freudenhold zusammengetragene dritte Teil des 'Gusman' erweitert ihn nochmals durch Reisebericht, phantastische Geographie und Ethnologie, um das Kuriös-Abenteurliche. Der Schelmenroman wurde so in Deutschland der Stoffülle und dem Umfang der Themen nach zum Universalroman, blieb aber bis zu Grimmelshausen uneinheitlich, ungelenk. Die 'History von Isaac Winckelfelder und Jobst von der Schneid' sodann erweist sich als feinfühlige Uebertragung der spanischen in die deutschen Verhältnisse, die Schelmenzunft Monopodios wird von Ulenhart im vielsprachigen Prag angesiedelt und wird da zu einer kleinen toleranten Völkerfamilie, einem Gesellschaftsmodell, in dem doch wieder, nur unter schwierigeren Bedingungen, die beispielgebende Humanität und Urbanität des Cervantes verwirklicht ist.

Die 'Landstürtzerin Justina Dietzin' nun steht ausserhalb der Aszendenz des spanischen Schelmenromans in Deutschland. Obschon sie rund ein Jahrzehnt nach den drei berühmten Schelmenromanen in Deutschland erschien, sind vom willenlos der Vorlage ergebenen Uebersetzer die Anregungen und Erfahrungen der Vorgänger nicht benützt und alle im Stoff selbst enthaltenen Aufforderungen zu einer Eindeutschung und Aktualisierung überhört worden. Deshalb wurden beispielsweise erst im 'Simplicissimus' der Bauernstand und bäuerliches Milieu ein ernst genommenes Thema und nicht schon in der 'Justina', deren ländliche Partien mit dem Spanier in höfischer Beleuchtung verbleiben, ironisch und folkloristisch-oberflächlich aufgefasst. - Im Hinblick auf 'Lazaril', 'Gusman' und 'Isaac Winckelfelder' ist die 'Justina' als Scheidemünze auf dem Markt der erfolgreichen spanischen Schelmenromane in Deutschland zu taxieren. Fast unbegreiflich ist die Tatsache, dass dieses unfreie Machwerk 1660 eine zweite Auflage erlebte. - Die Bedeutung der 'Landstürtzerin Justina' konnte für Grimmelshausen bei dieser Unterwertigkeit niemals im Künstlerischen oder Gedanklichen liegen; allein ihre mögliche Bedeutung als Motivsammlung, deren Stichwörter in einem Register leicht zugänglich waren, als Sammelsurium von moralischen Abhandlungen, Sprichwörtern der praktischen Lebensweisheit, von Urteilen über die Landstörzerei usw. bleibt noch in Erwägung zu ziehen. Doch vorerst zur Sprache.

Die Sprache der 'Justina' ist nicht weniger schulmeisterlich-eng als die Zusammenstellung und der Aufbau im ganzen. Um Perfektion der Sprache in den schulmässigen Formen der Rhetorik hatte sich offenbar schon Lopez bemüht. In der Einleitung lässt er einmal Justina sich für den Anlass bedanken, 'der (ihr) ein Fass der Rhetorik oder Wollredenheit auss (ihrem) Keller hat machen herausziehen.' (S. 20). Tatsächlich können wir in der 'Justina' fast Seite für Seite bewusst gesetzte, maniert wirkende Stilfiguren, Tropen, Litotes, Emphasen nachweisen. Eine Beispielreihe für die Wortfiguren:
Gemination: - 'und sagt mia, mia, mia, das ist, sie ist mein, mein, mein'
              (S. 530);

	- 'er leugt, er leugt' (S. 68)
Anapher:	- 'Könt ihr, liber bekennt mir die Wahrheit, könt ihr, sag ich, eine solche Unsauberkeit, Unfläterey (. .) ansehen . . .' (S. 394)
Chiasmus:	- 'darumb lasset von solchem vornemen ab und weichet zuruck / wenn ihr könt, unnd noch nit an dem Vogelleim hangen blieben: weicht zuruck / sag ich noch einmahl, unnd last von unmüglichen sachen ab.' (S. 394)
Epipher:	- 'Wardurch ist Hannibal der Cartaginenser Feldtoberster geschwächt worden? Durch den Müssiggang: Was hat den Antipatrum um seinen guten Namen gebracht unnd zu einem armen Mann gemacht? Der Müssiggang: Den Sardanapalum seines Lebens und Königreichs beraubt? Der Müssiggang. Den König Ptolomaeum in Egypten zu nicht gemacht? Der Müssiggang. Den Lucullum aller seiner Frewde entsetzt: und den letzten Römischen Keyser Domitianum in die eusserste Verachtung gestürtzt? Der Müssiggang . . .' (S. 434) 12)
Iscolon:	- 'sinthemal der Betrug allenthalben gross / unnd das liegen sehr gemein / und der bösen verruchten Leut die gantze Welt allenthalben voll . . .' (S. 582)
Figura etymologica:	- 'ein jedes Böse ist bös' (S. 254)
Alliterationen:	- 'Leib und Leben', 'Haut und Haare', 'Fell und Fleisch', 'weiss und weg', 'Witwen und Weysen', 'Erkanntnus Ehr und Ehrbarkeit' usw.

Die Stillosigkeit, das Farblose, Diffuse, ist merkwürdigerweise gerade auch dort zu suchen, wo stilistisch prägnante Formen gebraucht werden: Den Sprichwörtern zum Beispiel verwischt sinnloses Durcheinanderwerfen Inhalt und Merkform: 'Ein jedes Holtz hat seinen Wurm: Ein rede wahr ihr Gesicht, (. .) wenn ich ein Schell an meinem Hals hab, so trögstu ein Glöcklein: und glaube für gewiss, wer andere betrübt, der schafft ihme selbsten keine Ruhe: unnd wer einen Esel jagt und sich mit Huren schlept: der kompt selten von ihnen unbefleckt . . .' (S. 249). - Dass Grimmelshausen demnach für den Stil der freilich nicht minder rhetorischen 'Courasche', für den Satzbau, den Duktus der Sprache, Anleihen bei der 'Justina' aufgenommen hätte, scheint ebenso unwahrscheinlich.

Diesen grossen Unterschieden in der Stilhöhe steht jedoch eine Vielzahl von motivischen Gleichungen gegenüber. - Man betont, das einzige, was Grimmelshausen von der 'Justina' übernommen habe, sei die Idee des rivalisierenden Schelmenpaars. Dabei wird in der deutschen Fassung diese Idee gerade nicht deutlich, weil das spanische dritte und vierte Buch, wo sich Justina und Guzman in ihren Streichen gegenseitig überbieten, nie übersetzt worden war. Die andern Kontrahenten der Justina, Peter Grull, Joh. Rabenaas u. a. sind, wie Springinsfeld in der 'Courasche', keine wahren Gegenspieler für die triumphierende Picara. Also nicht dieses Hauptmotiv, aber viele Einzelmotive könnten in der 'Courasche' aus der 'Justina' entlehnt worden sein: Einmal ist eine ähnliche Erzählsituation durch die Figur der alten, verbrauchten, doch geriebenen Erzählerin gegeben. Justina wie die Courasche haben in ihrem ausschweifenden Leben die Frantzosenkrankheit (Syphilis) aufgelesen; beide blieben kinderlos; Justina verbirgt den Stolz über die eigene Verderbtheit so wenig wie die Courasche: 'Ein verrucht Leben rümpt sich seiner Flecken und Mackel' lautet eine Randglosse. Trotzig will Justina mit ihrem Roman beweisen, 'dass sie von einem guten Anfang her ein Picara gewesen' ist (S. 87). Bis ins Groteske gesteigerte Uebertreibung der eigenen Schlechtigkeit heisst die Spielregel für Justina wie für Courasche. Die sexuelle Unersättlichkeit ist nur ein spezieller Zug im Charakterbild der beiden Picaras; schreiendere Farben brauchen sie für die Schilderung der eigenen Gottlosigkeit, die sich in leichtsinniger und höhnischer Verachtung der Heilsinstitutionen ausdrückt, und für die Darstellung der Habsucht, der Verstocktheit und der Reuelosigkeit bis in den Tod: 'Wenn ich schon uff meinem Todtbett lege / und nur meine Zung noch bewegen und reden könt / und nur noch ein wenig verstandt bey mit hett / thät ich es doch nit (ergänze: das gestohlene Geld zurückgeben) / dann warumb solt ich mein Gewissen mit einer solchen Thorheit dess Widergebens beschweren / und sonderlich / da ich einen solchen weyten Weg zu reysen / und ohne das viel zu tragen nicht gewohnt?' (Justina II, II, S. 530, vgl. Cour. I, 15). Zum Erstaunen ähnlich ist die Beschreibung der prächtig, gleichsam fürstlich gekleideten Landstörzerinnen, zwischen Bewunderung und leisem Spott über das Fremdländische sich haltend (Justina I, II, S. 186 / 'Springinsfeld' S. 25). Königin über das fahrende Volk ist nicht nur die Courasche, sondern schon die Justina gebietet über die Landstörzer; ihr zu Ehren wird ein grossangelegter Diebszug durchgeführt, auf dem Hühner, Tauben, Gäns und das Brot noch warm aus der Backstube erbeutet werden 13) - bei der Courasche langt kein Teil der Zigeunerbande an, 'der nicht entweder Brod / Butter / Speck / Hüner / Gäns / Endten / Spanferckel / Geissen / Hämmel / oder auch wol gemäste Schwein mit sich gebracht hätte' (Springinsfeld S. 33). Ihre Triebhaftigkeit und ihren Welthunger lebt die Justina als Leichtsinn, als Geldgier, als Kampflust aus. Sie hätte wie die Courasche zu einem Symbol für das verführerisch-unersättliche Weib gesteigert werden sollen, was ich aus einem eingeschobenen Brief (Justina II, 22) entnehme, wo sie als Furie und Hure aller Huren beschimpft wird: 'Jst es dir nicht genug / dass du nach solchen blutigen An- und Uberlauffen und Brunst / welche du in Syria / da man dich Siciam genennt / in Assyria / da du Melitea / in Arabia / darumb du Alita / in Persia / da du Mitra (. .) geheissen / angezündet? (sic!) sondern wilt auch in Hispania / als einem schönen und fruchtbarn Garten dein verfluchtes Netz ausswerffen / unnd das schöne Königreich mit deiner Unzucht anstecken und besudeln?'

Andere gleiche Motive wie die Kirche, die als Kupplerstätte dient, die Tölpelhaftigkeit der Liebhaber (Joh. Rabenaas / der Musketierer) sind Allgemeingut der romanischen Novellentradition, man kann sie demnach nicht als mögliche Entlehnung aus der Justina festlegen. Es besagt auch wenig, wenn der von der Courasche zäh ergriffene, gegen Simplicissimus gerichtete Gedanke, dass sich Gleiches zu Gleichem, das Böse zu Bösem geselle, auch von der Justina aufgenommen wird (S. 354), denn er zeitigt keine Wirkung auf den Romanablauf. Ueberdies muss die Einschränkung gemacht werden, dass die verglichenen Charakterzüge nicht die von Dichter und Uebersetzer in der Justina besonders hervorgehobenen sind. Wie überhaupt die Justina ein Schemen bleibt, auf den für den Moment Eigenschaften, Affekte, Erlebnisse projiziert werden. Ihr

blasses Antlitz ist eben kein Schelmengesicht und ihr Roman kein Schelmenroman,
auch wenn wir von dem zufälligen Agglomerat der Gesamtanlage abstrahieren
könnten. Dazu fehlt es der Heldin an jugendlicher Unerfahrenheit; sie wächst
nicht in eine Welt voll Schlechtigkeit, Bosheit hinein wie Guzman, sondern sie
versteht und durchschaut sie von allem Anfang an. Ihre Gestalt entbehrt der Unmittelbarkeit, der Unvoreingenommenheit, Frische und Agressivität der wirklichen Picara. Die Themen werden nicht an Romanereignissen dichterisch behandelt, sondern theoretisch, zumeist anhand von Maximen antiker Autoren,
erörtert. Immer wieder schiebt Lopez (und Barezzi) literarisches Beiwerk
zwischen den Leser und das eigentliche Geschehen: Justina liest ihrem Vorgeben
nach alle nur möglichen Vorreden, um ihre Gedanken über das Wirtewesen an
ausgewiesener Stelle anzuknüpfen: 'Glaub mir lieber Leser / dass ich meinen
Fleiss nicht hab erwinden lassen / sondern fast alle Vorreden / so je gedruckt
worden / gelesen'. Ihr mangelt es an Vitalität und Instinkt. Weiter fehlt Lopez
das (psychologische) Interesse am Einfluss des Milieus auf die Entwicklung
des jungen Menschen. Justina kann später, zum Beispiel im Kreis der vorneh-
men Erzähler (I, II, 10), nicht mehr als Wirtstochter angesprochen werden.
Der Defekt, an dem die 'Justina' am allermeisten leidet, ist ihr Mangel an Perspektivität: Ein Hauptanliegen des Dichters ist die pedantisch-regelhafte Kunst-
gerechtigkeit des Erzählens (Stilfiguren; gelehrte Anspielungen). Woher aber
die Erzählerin Justina ihre Schulweisheit haben soll, wird nicht gesagt. Für das
Ueberschneiden der Erzählperspektiven in ein und demselben Satz stehe das folgende Zitat, in dem die Schelmin (!) Justina mit antiken (!) Beispielen den
Willen des Autors (!) zur moralischen Belehrung des Lesers ausspricht:

> ' Solche Gedanken sol mir niemand zumessen / als sei mein intent und vor-
> haben betrug zu zetteln wie die Sirena / oder die Menschen einzuschlaffen
> wie die Candida: oder dieselbige in etwas anders zu verwandeln wie die
> Circe oder Medea oder narrisch zu machen wie die Cecrope oder zu blen-
> den wie die Silvia / sintemal meine Gedanken gar nicht sind / der Welt
> Netz und Garn zu stellen / oder etwas dergleichen in offenen Druck zu
> spargieren. Sondern ich verhoff und begehr die unwissende und unerfah-
> rene auss ihrem harten und schädlichen Schlaff auffzumuntern / die Ein-
> fältige zu unterweisen / dass sie dasjenige fliehen / das sie bedünkt / als
> ob ichs persuadier und rathe. '
> (I, S. 42 - Man beachte die schwerfällige Schlusswendung).

Und so wird man, alles in allem gesehen, in der Auswertung der parallelen Motive in der 'Justina' für eine Interpretation der 'Courasche' sehr vorsichtig
sein müssen. Wenn Grimmelshausen übernommen haben könnte 14):
- die Figur der Picara (denn die 'Justina' ist der einzige Schelmenroman mit
  einer weiblichen Hauptfigur - auch der ähnliche Titel deutet auf diesen Zusammenhang)
- die Figur der alten mit allen Wassern gewaschenen Erzählerin
- Justinas wiederholten Triumph über die Landstörzer
- ihre Kaltsinnigkeit sowohl den Menschen als sich selber gegenüber
- ihre Lebenslust (die sich vor allem in Tanzlust, Reiselust äussert)
- ihre äusserlich prächtige Erscheinung

- ihre Stellung als 'Königin' der Landstörzer
- gewisse Handlungsteile wie die Gefangennahme der Justina und die Diebstahl-
  szene -

wenn Grimmelshausen die Unfruchtbarkeit der alten Justina als Motiv aufgenommen und in die Ergebnislosigkeit eines Lebens, wie es die Courasche führt, umgedeutet haben könnte; die Prügelszene der 'Justina' in den Geschlechterhass -
dann kann doch über diese blossen Feststellungen nicht hinausgegangen werden,
weil die nur angetippten, gerade nur einmal vage aufgegriffenen Motive der 'Justina' in der 'Courasche' in einer Weise aufgewertet und prägnant werden, die einen ungeheuer grossen Abstand in ihrer Bedeutung und Aussagekraft entstehen lässt. -

Auf dem Weg der genaueren Untersuchung gelangt man also zu der von der
allgemeinen Forschung abweichenden Ansicht, dass von der 'Justina', in der Grimmelshausen gelesen haben muss, zwar wichtige Impulse für die 'Courasche' aus-
gegangen sind. Man muss sich dann aber immer sogleich den Stilunterschied zwischen dem Panoptikum in der 'Justina' und dem kohärenten Schauspiel in der 'Courasche' vor Augen halten, um die Gemeinsamkeiten nicht im Künstlerisch-Forma-
len, sondern im rein Stofflich-Motivischen zu suchen. (Grimmelshausen hat möglicherweise nicht nur die Arztnovelle des 'Vogelnests', die besprochenen Motive
der 'Courasche', sondern auch Textstellen über das Tanzen und die Trunksucht
(Simplicissimus) und das bukolische Lagerungsmotiv (Ratstübel Plutonis) aus
der 'Justina' entlehnt). Abschliessend gilt, dass aufgrund der Verbindungen zur
'Justina' die 'Courasche' weder in der Nähe volkstümlich-deutscher Schwanksammlungen 15) noch einer internationalen (romanischen) Novellistik, noch
sonst einer gelehrten oder moralischen Tradition anzusiedeln ist; denn die kon-
zeptionslose 'Justina' gibt von allem etwas: "Politische Regeln, lehrhaffte Erinnerungen / trewhertzige Warnungen / und kurtzweilige / anmühtige Fabeln!"
(Titel)

b) Harsdörffer: Die keusche Hinterlist

Nach G. Weydt ist Harsdörffer einer der wichtigsten Vermittler von (romanischen) 'Stoffelementen und formalen Errungenschaften früherer Jahrhunder-
te' für Grimmelshausen. 16) In seinem Aufsatz 'Zur Entstehung barocker Erzählkunst' (Wirkendes Wort 1953) 17) leitet er die Beau-Alman-Episode im vierten
Buch des 'Simplicissimus' aus der Harsdörffer-Novelle 'Das gefährliche Vertrauen'
ab. Harsdörffer fusst seinerseits mit dieser CIII. Novelle aus dem 'Grossen
Schauplatz Lust- und lehrreicher Geschichten' (1651, V. Teil) auf Bandello.
Für die Episode im 'Vogelnest' (I), wo sich zwei elende Menschen, um sich gut
zu verheiraten, gegenseitig Jugend, Reichtum, Adel vorspielen, hätte Grimmelshausen aus dem gleichen Sammelband die Novelle 'Der Gegenbetrug' benützt, die
sich wieder unter dem Titel 'Die betrügerische Heirat' in den 'Novelas ejemplares'
des Cervantes findet. Als drittes Beispiel und als Vorbild für die 'Courasche'
nennt G. Weydt aus 'Heraklit und Demokrit' (Nr. CLVI): 'Die keusche Hinterlist'.
In ihr läge 'der novellistische Keim - oder einer der wesentlichsten novellistischen
Keime zur Landstörzerin Courasche'. 18) Weil diese Novelle schwierig zu erreichen ist, sei sie hier, ohne die für unser Problem unbeträchtlichen Rahmen-
teile, wiedergegeben:

'In den Kriegszeiten kurtzverwichener Jahre war in Böheim eine Stadt belagert / und mit Sturm eingenommen / in welcher zwo Schwestern / des vornemsten Bürgers Töchter / sich entschlossen / ihre Keuschheit und ihr Leben mit solcher Hinterlist zu erhalten. Sie zogen Mannskleider an / und mischten sich unter die Truppen / welche in der Stadt lagen / dass sie auf Gnad und Ungnad gleich andern gefangen wurden / und weil diese vermeinte Soldaten schöne junge Kerls waren / nahme sie ein Hauptmann zu sich / sie unter zustellen / oder ein grosses Lösgeld von ihren Eltern zu erpressen.

Dieser Meinung schickte er sie zuruck in sein Quartier / und hatte er zwo mannbare Töchter / Radegonda und Anges (!) / welche aus Mitleiden den Gefangenen zu essen brachten / und als sie mit Basilio und Cyprian zu reden kommen / lassen sie ihnen die vermeinten Jüngling wolgefallen / denselben mit mehr als freundlicher Neigung zugethan.

Die Gefangenen beobachteten wol / dass diese Jungfrauen sich betrügten / und suchten / was nicht zu finden war / stellten sich also nicht weniger verliebt / und verhofften sich solcher Gelegenheit zu erlangung ihrer Freyheit zu bedienen. Wie aber?

Sie beschwätzen sie / dass sie mit ihnen entfliehen solten / und wolten sie beede in ihrem Lande zu grossen Frauen machen.

Die Liebe machte sie glauben / was sie verlangten / und nachdem sich der Krieg an ein ander Ort gezogen / und die Flamme / nach Verlauff kurtzer Zeit wieder erloschen / sind diese vier in ihrer Stadt wieder angelangt / und haben sich beede Schwestern nicht wenig verwundert / als sie Basilium und Cyprian in ihres Geschlechts Kleidern aufziehen sehen. Also wurden sie mit aller Höflichkeit zu rucke geleitet / und liesse der Gefangenen Vater / wegen der Ausgerissenen Lösgeld handeln / welches aber von ihnen / als Weibspersonen / nicht begehret worden / weil die beeder Töchter des Hauptmanns mit vielen Geschenken zu rucke gekommen. '

Die Annahme von G. Weydt, in dieser Novelle handle es sich um den eigentlichen novellistischen Keim der 'Courasche', erhält vor allem dadurch Gewicht, dass die Novelle fast wörtlich in den 'Europäischen Wunder-Geschichten-Kalender' aufgenommen wurde (in G. Weydts Angabe, sie finde sich im 'Ewig-währenden-Calender', handelt es sich um einen Irrtum 19)). Bemerkenswerterweise sind nun die meisten Harsdörffer-Zitate von Weydt in den Wunder-Geschichten-Kalendern nachgewiesen. Wenn man aber mit Koschlig an der Echtheit der Grimmelshausen zugeschriebenen Wundergeschichtenkalender (1670 - 75) zweifelt und seine Zweifel gerade mit der platten Uebernahme von Harsdörffers Apophthegmen in diese Kalender begründet, die man Grimmelshausen nicht gern zutraut, dann verliert die vorliegende Novelle an Aktualität als Anregung und Vorbild für die 'Courasche'. Die Unterschiede zwischen der einzig vergleichbaren Libussa-Jancohandlung und den Vorgängen in dieser Novelle sind beträchtlich (was natürlich allein eine Uebernahme nicht ausschliesst), insbesondere ist ihre Architektur nachdrücklich durch das formale Spiel der symmetrischen Verdoppelung der Protagonisten, das in der 'Courasche' fehlt, bestimmt. In der 'Courasche' spannt die Demaskierung das Verhältnis von neuem, während die Entdeckung in der 'keuschen Hinterlist' als Entspannung, Auflösung wirkt, die Pointe liegt - umgekehrt als in der 'Courasche' - in der enttäuschten Erwartung der verliebten Hauptmannstöchter, deren Liebesverhältnis nicht weiter bestehen kann. Für das einzig vergleichbare Motiv der Verkleidung könnten auch andere Beispiele namhaft gemacht werden, etwa aus Harsdörffers 'Grossem Schau-Platz jämmerlicher Mord-Geschichte' (1652, bzw. 1678) die Nr. XLIV: 'Die Amazonin'; auch sie trägt Männerkleider und übt sich zur Selbstverteidigung in den Waffen. Oder aus Boccaccio die Novelle II, 9. Die Vermummung in Männerkleider oder -rüstung ist ein verbreitetes Motiv im höfischen Roman. Thusnelda überwindet ritterlich den eigenen Vater (Lohenstein). In Joh. Beers 'Sommertägen' wird der böse Barthel von der Heide vom Löwenritter, das ist Amalie, gefangen. Es fehlt auch nicht bei Cervantes: Die Tochter Diejos zieht aus Vorwitz und Begierde, die Welt zu sehen, einen Männerrock über (Don Quij. IV, 5). Zudem ist das Motiv in der 'Courasche' Spiegelbild zur Verkleidung des Simplicissimus in Kp. II, 25, woraus allein schon seine Herkunft erklärt werden könnte, so dass das von G. Weydt genannte Vorbild vielleicht nicht als das einzig mögliche und gesicherte gelten darf?

(Am ehesten würde man die erotischen Novellen der 'Courasche' im 'Decameron', von dem es zeitgenössische Uebersetzungen gab, suchen. Grimmelshausen flicht in der dritten 'Continuatio' die Geschichte vom vergifteten Salbeistock (= Bocc. IV, 7) ein. Im 'Simplicissimus' und 'Vogelnest' (II) braucht er das Motiv der Nachtigallennovelle (Bocc. V, 4). Aber für die 'Courasche' könnte auch hier höchstens von einer schwachen Erinnerung des Dichters an die 7. Novelle des zweiten Erzähltags gesprochen werden, in der die Sultanstochter 'in einem Zeitraum von vier Jahren und an verschiedenen Orten neun Männern in die Hände gerät.')

c) Pseudo-Moscherosch: 'Complementum'

Aus der unechten Fortsetzung der 'Gesichte Philanders von Sittewalt' flossen die Moralsatire, auch Anekdotisches und Stilistisches (Dialektszene!) in den 'Simplicissimus'. Ich erinnere mit Bechtold (Euphorion 19) an den Schwank, in dem Simplicissimus die Kalbsaugen verzehrt (= Philander: Renth-Cammer, S. 156); an die Kriegsallegorie des Länderbaums (= Philander: Zauber-Becher, S. 241); an die Gottlosigkeit und Geldsucht der Kriegskommissare (= Soldaten-Leben, S. 811; S. 820); an die Plünderung von Knans Bauernhof (= Zauber-Becher, S. 297).

Eine Novelle aus dem V. Teil der 'Gesichte Philanders', dem sog. 'Complementum', die den Kampf zwischen zwei adligen Eheleuten um die Oberherrschaft zum Gegenstand hat, wurde die unbezweifelbare Vorlage für die Auseinandersetzung der Courasche mit ihrem dritten, heuchlerischen Mann. 20) Der Zweikampf ist einer der wichtigsten Abschnitte in ihrem Leben; stilistisch hat ihn Grimmelshausen durch längere direkte Reden und Gegenreden von der übrigen Erzählung abgehoben. Dieses Kunstmittel wendet er in der 'Courasche' nur viermal an, und immer ist es die Marke wichtiger Sinneinschnitte. Die Novelle lautet (zit. nach Bechtold, Zur Quellengeschichte der Simplicianischen Schriften):

'Ich . . . gedachte aber an einen Edelmann / welcher eine Adeliche Dame

(die den Namen allenthalben erhalten / dass sie rechte Meisterin aller
Männer were) mit schöner Artigkeit und Dexterität / als er sie geheuratet /
ihme unterthan gemacht hatte, Dann als dieser Dame Ehemann / welcher
ein Oberster über vier Regimenter gewesen ware / sich von jr dermassen
hatte beherrschen lassen / also / dass männiglich sich seiner Zaghafftig-
keit / die er bey diesem Weib sehen lassen / verwunderten / und nunmehr
todts verfahren / sie ein anderer Cavallier heuraten wolte / war solches
demselben nicht allein von irer selbst eygenen / als seiner Freundschafft
höchlich missrathen / von solcher Bestien abzulassen / dann er würde
durch diesen Heurath seinem Leib und Leben / seiner Freundschafft und
seinem bis dahero hergebrachten guten Cavallirischen Namen ein ewigen
Schandflecken herbeyziehen / und alle verübte ritterliche Thaten ver-
dunckeln.

Er aber gabe nichts auff diese Rede, sondern sprach: Ich will sie nehmen /
und ob sie schon der Amazonum eine were / will ich sie jedoch wol bendig
machen / lasset mich davor sorgen.

Da nun die Hochzeit gehalten / und der Beylager gehalten werden solte /
hiesse er die Braut höfflich zu Bette gehen / welches sie dann willig thäte /
sich aussoge und zu Bett legte: darauff dann er der Bräutigam sich gleicher Gestalt aussoge / und sich also stellete / als ob er sich so bald auch
zu ihr legen wolte / aber er hatte ein anders vor / nahme zwei blosse Degen in die Hand / legte den einen auff seine aussgethane Hosen / mit dem
andern tratte er vor das Bette / und sprach mit hertzhaffter Stimme: Aller-
liebste / die du allhie zu Bett ligest / ich habe mir von männiglichen sagen
lassen / du seiest bei deinem vorigen Mann Meister gewesen / und zum
Zeichen deiner Meisterschafft seine Hosen gutwilliglich von ihme bekom-
men und angezogen. Dieweil aber dieses nicht meine Natur ist / dass ich
etwas übergebe / es were dann mir mit dem Schwerdt abgetrungen worden:
So nehme derowegen du diesen Degen der auff meinen Hosen liget / so
wöllen wir Ritterlich umb die Hosen kämpffen / und umb die Herrschafft
fechten / wer dann unter uns die Oberhand erlangen wird / dem soll sie
auch allezeit verbleiben. Derowegen herauss aus dem Bette / sonsten ziehe
ich dich mit den Haaren herauss / dann dieses ist der Kampfftag umb die
Herrschafft der Weiber.

Ach Gott wie war die Braut in so grossen Aengsten / dann die Herrschafft
wolte sie nicht gern verlassen / darumb aber zu kämpfen / stunde sie noch
in grösserer Gefahr dess Verlusts / und weil sie dess Bräutigams mann-
liche Resolution woll in acht nahme / gabe sie sich gutwillig ins Kreutz /
und bliebe ihrem Junckern bis in Todt gehorsamb / derowegen der Männer-
fresser an diesem letzten Cavallier kein Macht gehabt hat.¹

Was oben (S. 16) zur Entlehnungstechnik Grimmelshausens als vorläufige
Behauptung geäussert wurde, dass er sich der Vorlage nie ganz überlasse, dass
er die Novellen in das Romangeschehen einbinde und ihre Fabel aus einem Blick-
winkel aufnehme, aus dem sich Ueberraschungsmomente, Tempowechsel, ironische Pointen wie von selbst ergeben, dass die Umstellungen, Verschränkungen

nie unbegründete Massnahme seien - das bestätigt sich im Vergleich des vorliegenden Texts mit der Prügelszene im 7. Kapitel der 'Courasche'. Grimmelshausen benützt fast alle Stichwörter seiner Vorlage, gestaltet aber völlig eigenständig und deutet den Schluss für seinen Zusammenhang ins Gegenteil um. Der Ausgang des Zweikampfs, der im Pseudo-Moscherosch von allem Anfang an feststeht, wird in der 'Courasche' verschwiegen; die ganze Vorgeschichte, wie die Freunde von der Heirat mit der übelbeleumdeten Frau abraten und sich der Bräutigam von ihnen seiner Ueberlegenheit mit Selbstsicherheit rühmt, wird ans Ende gerückt. Das einfache Gesetz der renaissancistischen Novellistik, eines nach dem andern in chronologischer Abfolge zu erzählen, wird in dem stossweise springenden Fluss von Grimmelshausens Erzählen aufgelöst. Wie ein harter Schlag in dem 'liebreichen und freundlichen Gespräch' (S. 41) wirkt der plötzliche Befehl des Leutnants, starke Prügel herbeizubringen. Der Leser ist noch im Unklaren über seine Absichten gelassen, aber er ahnt doch soviel, dass er die Ironie, die in der Fürbitte der Courasche für den Pagen liegt, herausfühlt. Durch die Schlussstellung der Vorgeschichte gewinnt Grimmelshausen gegenüber Pseudo-Moscherosch folgende Aspekte: Anfang und Ende der Geschichte, Hochmut und Fall des Leutnants, stehen kontrastierend hart nebeneinander; die Niedertracht und Prahlsucht dieses Beau wird charakterisiert, weil er so undelikat ist, sich Zuschauer herzubitten; mit der unerwünschten Zeugenschaft seiner Kameraden wird die spätere Desertion motiviert; Grimmelshausen vermehrt die Ansichten der Szene ganz konkret um die Perspektive der durch den Türspalt Spähenden; ihre Anwesenheit erhöht die Turbulenz des unerwarteten Schlusses. - Die Sympathie liegt ganz auf der Seite der Courasche. Durch anscheinend kleine Differenzen in der Handlung entzieht Grimmelshausen dem Mann alle Billigung, die er im 'Complementum' hat: Dort erkämpft er sich v o r allem Beisammensein mit der Braut sein Recht aus prinzipieller Einsicht - hier folgt der Stimmungswechsel zu Streit und Prügelei um die Hosen erst nach der Hochzeitsnacht und dem Ehegespräch des nächsten Morgens; die Handlungsweise des Leutnants erscheint nun brutal und niederträchtig.

Grimmelshausen wertet also die Frauenrolle auf: Beide Frauen wollen nicht kämpfen, die adlige Dame aus Furcht und Kleinmut, Courasche aus dem ehrlichen Bemühen, mit ihrem Mann im guten auszukommen. Die Dame im Pseudo-Moscherosch verstummt vor der Entschlossenheit ihres Gatten; klug antwortet die Courasche dem Leutnant, zuerst nur wie im Scherz an den 'liebreichen und freundlichen' Gesprächston anknüpfend; dann bittet sie ernster um Einsicht mit dem theologischen Hinweis auf die gottgewollte Ebenbürtigkeit der Frau. 21) Sie triumphiert zu recht über den Mann wie andrerseits die adlige Dame rechtens unterliegt. Im Hintergrund steht die aufklärerische Forderung nach Emanzipation.

Ein sicheres Stilgefühl beweist Grimmelshausen in der Umdeutung des ritterlichen Zweikampfs in die bäuerlich-derbe Prügelszene der 'Courasche'. Es ist gut möglich, dass im Pseudo-Moscherosch oder auf einer früheren Stufe ein ursprünglich bäuerlich-bürgerlicher Hintergrund der Novelle in die ritterlich-adlige Staffage umgedeutet wurde, wie früher im 'Verkerten Wirt' Herrands von Wildonie das ursprünglich bäuerliche Kolorit ironisierend mit einem dünnen höfisch-ritterlichen Anstrich versehen worden ist.

d) Bebel: Facetiae
   Hans Sachs: Schwänke
   Francisci: Die lustige Schau = Bühne

Internationale Novelle und deutscher Schwank sind benachbarte Gattungen.
Sie können den gleichen Inhalt und eine ähnliche Form haben, so dass man sie
durch andere Merkmale als durch ihre relative Kürze und Pointiertheit und den
häufig erotischen Inhalt auseinanderhalten muss. Eine Definition der Gattung des
Schwanks, entwickelt anhand der Schwänke bei Pauli, Wickram, Bebel und im
Eulenspiegel, wird den Gegensatz zwischen der Geschliffenheit und Eleganz der
Novelle (wie bei Harsdörffer) und der Derbheit des Schwanks hervorheben müssen. Seine gröbere Substanz wird nicht so leicht angegriffen. Er zeigt die Tendenz zur Verzerrung der Welt, zu drastischer Komik und boshaftem Gelächter.
Für die Novelle sind ästhetische Gesichtspunkte ausschlaggebend, sie ist ein
kristallenes Gebilde. Typisch für sie ist das Abgehobensein von den dunklen Erfahrungen des realen Lebens (Pest im Decameron). Der volkstümliche Schwank
spielt gerade in dieser grobianischen Wirklichkeit voll Unrat und Krankheit: und
vornehmlich dieses satirische, latent sittenkritische Element macht ihn für den
Moralisten Grimmelshausen interessant. (Bei ihm und allgemein in der deutschen
Literatur seit den spätmittelalterlichen Novellen des 13./14. Jahrhunderts haben
die klaren und geistreichen romanischen Kurzgeschichten (Novelle und Facetie
22)) die Tendenz, in den Schwank und die Groteske überzugehen.

Es steht fest, dass Grimmelshausen die meisten Schwanksammlungen des
16. Jahrhunderts (im Barock versickert diese Gattung) kannte und für sein Werk
benutzte. Wie die Novellen hat er auch die übernommenen Schwänke in souveräner
Weise seinen Erzählabsichten dienstbar gemacht, immer um Nuancen verändert,
wenn nötig sogar umgedeutet oder über ihren eigentlichen Rahmen hinaus weiter-
gesponnen (vgl. Diebstahl einer Kuh, 'Vogelnest' I, S. 72 - wird auch erzählt
bei Hans Sachs und Pauli, Schimpf und Ernst, Nr. 17). Dabei blieb aber ihre
Herkunft immer kenntlich.

Umso merkwürdiger, dass bisher meines Wissens für die 'Courasche' -
abgesehen vom Nachweis einer Anspielung des Dichters auf Franciscis rachsüchtige Mörderin (vgl. Anm. 2)) - nur die eine Abhängigkeit von Bebels Facetie II,
144 aufgedeckt wurde, in der der Bauernschwank vom menschenfresserischen
Kalb erzählt wird (vgl. 'Cour.' XXVI).

Wenn man jedoch daran denkt, wie jedes Schwank- und Novellenmotiv in
den europäischen Kompendien der Novellistik herumgeboten wurde, so müsste
man doch eigentlich bei einer Lektüre in Kirchhof, Pauli, Bebel, Eulenspiegel
usw. früher oder später auf weitere Vorlagen für die 'Courasche' stossen? Dieses Herumbieten der anekdotischen Stoffe sei mit zwei Beispielen belegt:
1. Im 'Vogelnest' (II) wird die Heilung einer Augenkrankheit durch das blosse
   Mittragen eines nutzlosen Zettels erwähnt; dieselbe Anekdote können wir
   deutsch lesen bei Pauli, im Pseudo-Moscherosch, bei Montanus, bei Wolge-
   muth, im 'Lyrum, larum, lyrissimum', im 'Lustigmacher'; und sonst noch
   bei Hollen, Poggio, Enr. Gran, Seb. Brant. 23)
2. Der schon erwähnte volkstümliche Schwank vom menschenfresserischen Kalb
   ('Cour.' XXVI) wird nicht nur von Bebel in fast epigrammatischer Kurzform
   und in elegantem Humanistenlatein zum besten gegeben, sondern wir finden ihn

auch in einem Meisterlied Jörg Schillers, bei Hans Sachs, Val. Schumann
(vgl. unten) und in den lateinischen, französischen und italienischen Sammlungen Gasts (Convivales sermones, 1543), des Straparole (Les facétieuses
nuits, 1573), im 'Thresor des recreations', Rouen 1611, bei Domenichi
(Facetie motti et burle, 1581) und in spätern Publikationen.

Grimmelshausen scheint - entgegen der gängigen Auffassung - eher dem
behaglich erweiterten Schwank des Hans Sachs gefolgt zu sein als der knapperen
Facetie von Bebel, welche keine Details als die nötigen gibt und kein Lokalkolorit,
etwa in spezifischen Orts- und Personennamen oder mit dem Volksjargon, bei-
steuert.

Die behäbig-biedere Fassung des Hans Sachs (der, nebenbei gesagt, bei
Doppelfassungen i m m e r der erweiterten den Vorzug gibt!) trägt den Titel:
'Warumb die pauern lanczknecht nit gern herbergen.' (hrsg. von Goetze in Bd.
II, Nr. 239). Der folgende Abdruck und Vergleich sind berechtigt schon wegen
der Bedeutung, die Hans Sachs für Grimmelshausen gewonnen hat durch die Vermittlung der wichtigen, bei Grimmelshausen zu grossen und zentralen Allegorien
gestalteten Motive des Baldanders ('Baldanders so bin ich genannt'), des spre-
chenden Schermessers ('Die ellent klagent Rosshaut / Von dem verlornen reden-
ten gülden'), der verkehrten Welt ('Der verkert pawer') und des unverlässlichen
Holzarbeiters, der im Winter in seine Hände haucht, um sie zu wärmen, aber dann
in die Suppe bläst, um sie abzukühlen (vgl. Satyr. P.):

. . . 'Es ligt im Schwaben lant
Ein dorff, Gersthofen ist genant,
Da hat die ursach sich angfangen.
Im kalten winter, nechst vergangen,
Da loff ain lanczknecht auf der gart
Zerissen, und erfroren hart
In groser kelt fuer ainen galgen.
Darauff sach er die raben palgen
Und ainen dieb auch hangen dran,
Der het zwen guete hosen on.
Da dacht im der guet arm lanczknecht:
Die hossen kŭmen mir gleich recht,
Und straift dem dieb die hossen ab;
An fuessen wolten sie nit rab,
Wann sie waren daran gefroren.
Der lanczknecht fluecht und thet im zoren
Und hieb dem dieb ab paide fŭes,
Sambt den hossen in erbel sties.
Nun war es etwas spat am tag,
Das dorff Gersthoffen vor im lag,
Da trabet er gancz frostig ein,
Zu suechen da die narŭng sein.
Als er nŭn herŭmb gartet spat,
Zu lecz er dan umb herberg pat
Ein pawern; nam in an guet willig,
Gab im ein schuessel vol haiser milich,

Trueg im int stueben ein schuet stro.
Des war der frostig lanczknecht fro.
Nun het diesem pawren darzwe
Den abent auch kelbert ain kue.
Nun war es ein grim kalte nacht,
Derhalb mans kalb int stueben pracht,
Das es im stal kein schadn entpfing.
Als iderman nun schlaffen ging
Und stil wart in des pawern haus,
Zueg der lanczknecht die hosen raus,
Die er dem dieb abzogen het.
Die fues er ledig machen thet
Und zueg des diebes hosen on
Und machet sich vor tag darfan
Gancz stil, das sein kein mensch war nam,
Lies liegen die diebsfues paidsam.
Als frw die paurenmaid aufston
Und wart hinein die stueben gon,
Trueg mit ir ain groses spansliecht;
Als sie den lanczknecht nit mer siecht,
Allein das kalb dort in der ecken
Horet gar lawt schreyen und plecken,
In dem sie die diebs fues ersiecht,
Vermaint sie genczlich anderst nicht,
Den das kalb het den lanczknecht gfressen.
Erst wurt mit forchten sie pesessen,
Saumbt in der stueben sich nit lang,
Hintersich zu der thuer ausprang,
Schray am thennen zeter und mort.
Als der pawer das mortgschray hort,
Erschrack und aus der kamer schrir,
Was ir wer? Sie antwort: 'We mir,
O pawer! es hat unser kalb
Den lanczknecht fressen mer den halb,
Allain liegen noch da die fues.'
Der pawer zuecket sein schweinspies,
Schloff in rostigen harnisch sein
Und wolt zumb kalb int stueben nein.
Die pewrin sproch: 'Haincz, lieber mon,
Mein und deinr klain kinder verschon!
Das kalb mecht auch zu reissen dich!'
Der pawer drat wider hintersich;
Die kinder grinen allesam;
Der knecht erwacht, geloffen kam;
Sie kundn des lanczknechtz nit vergessn.
Mainten, das kalb das het in fressn.
In sie kam ein solch forcht und graus

Und flohen alle aus dem haus.
Der paur zumb schultheis sagt pose mer,
Wies mit seim kalb ergangen wer
Des lanczknechtz halb; darob würt hais
Dem schultheis, ging aus der angstschwais,
Hies pald lewten die sturmglocken
Die pawren loffen all erschrocken
Auf den kirchoff, zitrent und frostig,
Mit irer wer und harnisch rostig.
Da sagt der schueltheis in die mer,
Wie das ein grawsams kalb da wer,
Das het ein schrecklich mort gethon,
Gefressen ainen lanczknecht schon
Pis an die fues. 'Mit diesem würm
Do muesen wir thun ainen sturm,
Das man es von dem leben thw,
Wan würt das kalb gros wie ain kue,
So fres es uns all nach einander. '
Die pawren erschrackn allesander
Und zugen vur das haus hinan.
Der schultheis der war ir hawbtman.
Der sprach zu in: 'Nun stossecz auff! '
Die pawren stunden all zu hauff
Und sahen das haus alle on.
Doch wolt ir kainer foren dron;
Und deten sich darob all spreissn,
Forchten, das kalb mocht sie zu reissn.
Ain alter pawr den rate gab:
'Ich rat: wir zihen wider ab
Und fristen vor dem kalb unsr leben.
Wir woln ain gmaine stewer geben
In dem ganczen dorffe durch aus,
Dem gueten man zalen sein haus
Und wöllen darein stossn ein fewr,
Verprennen sambt dem kalb ungehewr. '
Die pawren schriern all: 'Jo, jo,
Das ist der peste rat. ' Also
So zunten an das haus die pawern,
Mit gwerter hand stunden die lawern
Drumb; forchten, das kalb möcht entrinen
Und in dem fewer nit verprinen.
Das kalb lag doch, kunt noch nit gen.
Das wolt kein narreter pawr versten.
In nam das fewer uberhant,
Das in das gancze dorff abrant.
Des kamen die pawrn zu grosem schaden,
Haben seither der lanczknecht kain gnaden

Und vermainen des tags noch hewt:
Lanczknecht sint unglueckhaftig lewt.
Derhalb herwerngs die pawern nit gern,
Thⁱent ir peywonung sich peschwern,
Das in nicht weiter schaden wachs
Von solchen gesten, spricht Hans Sachs.'
Anno salutis 1559, am 4 tag Aprilis.

Auf eine nähere Verwandtschaft zwischen Hans Sachs und Grimmelshausen deuten
gleiche Länge und gleicher Protagonist (Soldat). Sie stimmen (gegen Bebel)
überein in der Vermehrung des Personals um Magd, Ehefrau, Schultheiss und
den alten Bauern; in kleineren Handlungsteilen um das Aufschütten von Stroh, das
Sturmläuten, das Geschrei der Magd usw.

Unabhängig davon, ob Grimmelshausen wirklich d i e s e r Vorlage folgte,
sind doch die Abweichungen von Hans Sachs aufschlussreich. Der Schwank wird
als Erlebnis des sechsten Ehemanns der Courasche in den Roman integriert. Der
Erhängte wird zum Kriegsopfer; die langen Partien direkter Rede werden im Redebericht zusammengefasst; einmal spielt jetzt die Handlung sogar gleichzeitig
an zwei Orten, (S. 139, 26), sie ist also zugleich temporeicher und turbulenter
geworden. Die Blödigkeit der Bauern bleibt, aber in der verstockten Hartherzig-
keit des Leichenschänders ('doch gelte ihm gleich / welches Tods er gestorben'),
unterstrichen noch durch Grimmelshausens naturalistisches Anatomieren des
verwesenden Körpers, kommt wie zufällig ein moralischer Aspekt hinein, ein
plötzliches Erschrecken über die animalische Selbstgenügsamkeit und äusserste
Verrohung des Schwanks. 24)

Die Episoden der 'Courasche', zu welchen ich vor allem Entsprechungen
suchte, betreffen die Ereignisse in Italien: Courasche, welche die Nebenbuhlerin
mit Kot bewerfen lässt; Courasche, welche die Kürschnerin beim eigenen Mann
in den falschen Verdacht der Verschwendungssucht bringt; Courasche, die den
Keller der Apotheke unter Wasser setzt - denn Courasche handelt in diesen Episoden allein, und Springinsfeld, mit dem sie doch zusammenlebt, wird darüber
vergessen; die nicht restlose Verschmelzung mit der Romansituation, die relative Selbständigkeit dieser Anekdoten ist wohl Anzeichen dafür, dass sie von
aussen übernommen wurden. 25) Aber ich habe keine Parallelen gefunden, auch
nicht zu den andern loslösbaren Schwankelementen des Diebstahls an den beiden
Italienern (XX), der Ehebruchgeschichte (XXV) und der Wahrsagerei der Courasche (XXVII). Dagegen waren die z.T. schon bekannten Gleichungen mit dem
'Simplicissimus', den 'Continuationen' und den 'Vogelnestern' recht zahlreich:

Beispiele aus Pauli, 'Schimpf und Ernst':

Nr. 82	- Ein Dieb erscheint zweien als Teufel (vgl. Simpl. II, 16)
Nr. 153	- Ein nichtssagender Brieftext hilft gegen Augenschmerzen (vgl. Vogelnest II, 26)
Nr. 371	- Der schnell ausgetrunkene Wein (= Vogelnest I, 15)
Nr. 635	- Der Ring des Polykrates (vgl. Simpl. VI, 8)
Anhang Nr. 17	- Der Kuhdiebstahl (vgl. Vogelnest I, 12)

Aus Kirchhof, 'Wend=Unmuth':

Nr. 352 (Bd. I)	- 'Von einem geilen meidtlein' (vgl. Vogelnest I, 16; auch

bei Bebel, III, 95)

Nr. 121 (Bd. VII) - Eine Krähe füllt das Wassergefäss mit Steinen, um bequem
zu trinken (vgl. Simpl II, 12)

Es ist kaum glaublich, dass die Schwänke in der 'Courasche' alle von Grimmelshausen selbst erfunden worden sind; die Vorbilder müssen noch gefunden werden.
An ihnen wird sich dann vielleicht entwickeln lassen, dass Grimmelshausen die
Roheit und Boshaftigkeit der Schwänke in der 'Courasche' unmerklich und etwas
widersprüchlich ins Didaktische wie ins Schelmisch-Unverantwortliche umbog.

e) Fernando de Rojas: Celestina

Dieses Lesedrama ist ein Werk verschiedener Verfasser, der wichtigste
ist Fernando de Rojas. Es erschien in erster Ausgabe 1499 in Burgos. Im 16.
Jahrhundert allein erlebte es als eines der verbreitetsten Bücher an die 30 Auf-
lagen. 1520 wurde diese Novelle in Dialogform durch Wirsung ins Deutsche übertragen, 1534 entstand unabhängig davon eine zweite deutsche Uebersetzung. - In
der spanischen Literaturgeschichte ist die 'Celestina' ein Sprachdokument ersten
Ranges für die Herausbildung der Rennaissancediktion, insbesondere was die Gesprächsführung, die Spitzfindigkeit, Wendigkeit und spielerischen Andeutungen
anbelangt; eine Renaissancestoff ist auch die Liebesgeschichte von Calisto und
Melibea. Hingegen überragt nun die dämonisch-riesenhafte Gestalt der Celestina
als spätmittelalterlich-barocke Kontrastfigur die Liebeshandlung. Wie die deutschen spätmittelalterlichen Schwankfiguren ist sie eine Zecherin, Säuferin, Un-
holdin; ausserdem ist sie habgierig, eine Diebin, Kupplerin, Zauberin und Hexe.
Mit ihrer Verruchtheit erlangt sie eine traurige Berühmtheit und wird - wie die
Courasche - sprichwörtlich im Mund der Umgebung. In der starken Profilierung
und grotesken Uebersteigerung hat sie mit der Courasche mehr gemeinsam als
der blasse Schemen Justina. Weil aber jede diesbezügliche Anspielung in der
'Courasche' fehlt, ist eine direkte Berührung ausgeschlossen.

Hingegen taucht die Celestina in ihrem Wesen gemildert als Maruschka in
Ulenharts 'Jsaac Winckelfelder und Jobst von der Schneid' auf (den Grimmelshausen wohl trotz der Entkräftung des Zuckerbastelzitats 26) im 'Simplicissimus'
I, 1 gelesen hat: denn 'Lazarillo', 'Gusman', und 'Jsaac Winckelfelder' sind häufig (vgl. auch ZB / ZH), 'Lazarillo' und 'Jsaac Winckelfelder' nach Rausse im
oberdeutschen Raum immer zusammengebunden); sie wird in Garzoni genannt,
und ihre Figur wird in einer Justina-Novelle (II, I, 10) in der verschlagenen
Kupplerin Scapina variiert. 27)

Es ist eine interessante Vorstellung, dass Grimmelshausen solche Zwi-
schenglieder (wie in der 'Justina') in der 'Courasche' auf ihre vorige künstlerische Höhenlage gestimmt hätte.

f) (Wassenberg): Ernewerter Teutscher Florus

Die Neubearbeitung von Wassenbergs Geschichtswerk im 'Ernewerten
Teutschen Florus' (1647) wurde die wichtigste literarische Quelle für die 'Courasche' und den 'Springinsfeld'. Aus den Daten dieser Chronik des Dreissigjährigen Kriegs, aus ihren Lageberichten, Zeitangaben, Orts- und Personennamen
baute Grimmelshausen das sachliche Gerüst seiner Erzählung auf. - Der Zeit-

abschnitt, in dem er Wassenberg folgt, umfasst die Jahre 1620 (Eroberung von Bragoditz) bis 1634 (Nördlinger Schlacht - damals trat Simplicissimus in den Krieg ein; seine Kriegerlaufbahn endete 1640; 'Springinsfeld' führt die Kriegs- chronik - beginnend mit dem Einfall Spinolas in die Pfalz 1620 - bis zum Friedens- schluss von 1648 weiter).

Die Courasche lebt eigentlich nur in den Kriegszügen und Feldlagern des Dreissigjährigen Kriegs. Die Aufnahme unter die kaiserlichen Fahnen 1620 ist gleichbedeutend mit ihrem Eintritt ins Leben. Dort, wo sie der Krieg zurück- lässt, verstummt ihr Bericht wie die Chronik Wassenbergs: 1623 - 24 zieht sich die Courasche in eine anonyme (!) Reichsstadt zurück; dieses Jahr läuft ereig- nislos ab. Aehnlich auch die Passauerjahre 1630 - 32, zwei Jahre, und die an- schliessende Pragerzeit von wieder zwei Jahren, die Grimmelshausen ganz gegen die Gewohnheit der genauen Zeitrechnung, die er sonst in der 'Courasche' beob- achtet, irrtümlich unterschlägt. - Sowohl für die grossräumigen Bewegungen in der Erzählung wie für kleine Wendungen, Begebenheiten im Leben der Courasche stützt sich Grimmelshausen auf diesen 'Ernewerten Teutschen Florus':
Auf Seite 179 glossiert der barocke Korrektor: 'Alhie solte der Author geschrie- ben haben / dass die gemeldte Völker diejenige wären / welche aus dem dänischen Kriege kamen: und dass der Fride mit Dänemark alleine darumb gemacht worden / damit man dieses Volck nacher Italien schicken könte. ' 28)
Diese Bemerkung des Korrektors, die die Verbindung zwischen den in Schleswig- Holstein stationierten kaiserlichen Truppen, bei denen die Courasche weilt, und dem unter Gallas und Altringer nach Italien marschierenden Heer herstellt, ist doch wohl verantwortlich dafür, dass die Courasche aus dem Norden nach Mantua gelangt?

Bei Wassenberg wird beschrieben, wie der dänische König die Festung Hoya belagert (S. 119): 'Von dar haben sie for dem Schloss Hoya . . . sieben tage lang gelägen / worauf sie mehr als 10'000 Canonen-schüsse gethan . . .' - von diesen tausend Kanonenschüssen trifft einer Courasches Mann. Der Tod des Grafen Bucquoy in der Schlacht bei Neuhäusel (Juli 1621) regt Grimmelshausen vermutlich dazu an, den Rittmeister (1. Mann der Courasche) auf dem gleichen Platz seine tödliche Verwundung empfangen zu lassen. Die gebrochene Mainbrücke in der Schlacht bei Höchst (Juni 1622) verhilft der Courasche zum Beutestück der sechsspännigen Kutsche.

Wie die aus Bechtold ('Zur Quellengeschichte der Simplicianischen Schrif- ten') zusammengestellte Tabelle der wörtlichen Entlehnungen zeigt, 29) wurden f a s t   d u r c h g e h e n d Informationen aus Wassenberg in die 'Courasche' verarbeitet. Es handelt sich dabei immer um sehr kurze Stücke von nur ein bis drei Zeilen, um knappe Angaben über Truppenbewegungen, Mannschaftszahlen, Namen; sie stehen in der Erzählung wie Richtpflöcke und könnten auch ohne un- sere Kenntnis von Wassenberg als ein Strukturelement aus dem Roman ausge- schieden werden.

Nun hat aber Grimmelshausen die Kriegsereignisse der Jahre 1620 - 34 letztlich nur in einem gleichnishaften Sinn verwendet. Die Strategie und die poli- tische Realität interessieren ihn nicht; kein Wort fällt über die katholische Re- stauration und das Strafgericht nach der Schlacht am Weissen Berg (1620); und er versucht keine Erklärung des Kriegs aus konfessionellen, nationalen, macht-

politischen Interessen der beteiligten Staaten. Wenn er für die Strategie zum Beispiel schon nicht der ausführlichen Schilderung Wassenbergs folgen wollte, so
hätten sich ihm doch die Kupferstiche von den grossen Kriegsschauplätzen im
'Theatrum Europäum' zur Benützung angeboten, welche die Topographie, die
kriegstechnischen Anlagen, Wachttürme, Schanzen, Grabensysteme, die Aufstel-
lung der Truppen minutiös aufzeichnen: Grimmelshausen konnte sie nicht übersehen haben, und es hätten ihm da die Pläne für die Schlachten von Wimpfen ('Courasche' VII) und Höchst (VIII) und die Belagerung von Casale (XX) vorgelegen. -
Die Kriegsereignisse aus Wassenberg sollen also nur die blutrünstige Atmosphäre
beschwören, in der die Bubenstücke einer Courasche glaubwürdig und aktuell sind.
Die Sorge des Dichters gilt hier wie in allen Simplicianischen Schriften vorwiegend
dem Schicksal des (exemplarischen) Einzelmenschen und dessen Verstrickung in
die kriegerische und verführerische Welt. Er gibt die chronikalen Berichte nur
andeutungsweise und kommt immer sofort auf die engere Biographie der Courasche
zurück; die allgemeinen Sätze aus Wassenberg schlagen meist schon in der Mitte
ins Gegenteil um mit der Stilfigur: 'als . . .' (allg. Chronik) // 'da war / machte
ich . . .' (Biographie):

   - 'Als der Bäyerfürst mit dem Bucquoy in Böhmen zog / den neuen König
widerumb zu verjagen (= Wassenberg S. 15) // da war ich eben ein fürwitziges
Ding von dreyzehen Jahren / . . .' (S. 17).

   - Als ironische Kontamination: 'Und indem sich dieser letztere (=Bucquoy)
an seiner bey Raconitz empfangenen Beschädigung curiren liesse; (= Wassenberg
S. 22) // sihe / da bekam ich mitten in derselbigen Ruhe / so wir seinethalber
genossen / eine Wunden in mein Hertz / welche mir meines Rittermeisters Lieb-
würdigkeit hinein truckte;' (S. 21/22);

   - '. . . liesse er (= dänischer König) selbige Stadt liegen / und seinem
Zorn am Schloss Hoya aus: welches er in 7. Tagen mit mehr als tausend Canonen-
Schüssen durchlöchert (= Wassenberg S. 119) // darunter auch einer meinen
lieben Mann traff / und mich zu einer unglückseeligen Wittib machte.' (S. 60)

   - Weitere Beispiele: 'Da schlugen Corduba und der von Anhalt abermal
den Braunschweiger und Mannsfelder bey Floreack (Wassenberg S. 71) // in welchem Treffen mein ausgerissener Mann der Leutenant gefangen (. .) worden;
Wodurch ich . . .' (S. 47).

   - '. . . gerieten die unserige dem König von Dennemarck bey Lutter in die
Haar (Wassenberg S. 111) // allwo ich fürwahr nicht bey der Bagage bleiben
mochte / . . .' (S. 58).

   - 'Um diese Zeit überschwämmte der Wallensteiner / der Tilly und der
Graf Schlick gantz Holstein und andere Dänische Länder mit einem Hauffen Käyser-
licher Völcker wie mit einer Sündfluth / deren die Hamburger so wol als andere
Ort / mit Proviant und Munitzion aushelffen musten; (Wassenberg S. 125) //
dannenhero gab es viel Aus- und Einreutens und bey mir zimliche Kunden Arbeit;'
(S. 71) -

   Der Wortlaut Wassenbergs ist im letzten Fall: 'Die Generalen selbsten
(auf der linken seite Tilly; auf der rechten des Fridländers Gen: Leutenant Graf
Schlick, in der mitte der Wallensteiner selbst) sind durch Alster in Stormaren /
Holstein / Wagerland / mit einer uberauss grossen Macht eingefallen . . . in
welchem Zug auch Hamburg und Lübek / die Kayserischen / freien / und Hansen=

Städte . . . mit proviant und aller nothdurft behülflich gewäsen.' Dies nochmals auch als ein Beispiel dafür, wie Grimmelshausen an den festen Griffen der Tatsachen in Wassenberg (z. B. Stichwort: 'proviant') einhakt und seine Phantasie-Erzählung auf sie abstützt.

Doch hat er, wie schon an einem Beispiel erwähnt, die Erzählphasen der 'Courasche' trotz der Abstützung auf Wassenberg nicht nach dem mechanischen Prinzip dieses Historiographen proportioniert, welcher gleiche Zeitabschnitte mit ungefähr gleicher Länge im Bericht misst.

Das Zusammenleben der Courasche mit Springinsfeld von 1628 (vielleicht 1629) bis 1630 behandeln die Kapitel XIV - XXII. Die Ereignisse von 1630 bis 1641 dagegen werden in fünf Seiten abgetan. Für die Jahre nach 1634 wurde Wassenberg nicht mehr benutzt. Der Romanschluss steht unter dem Zeichen einer laxeren Bezogenheit der Courasche-Biographie auf die zeitgeschichtlichen Ereignisse, genauso wie die Hinweise auf die Zeitrechnung im sechsten Buch des 'Simplicissimus' spärlich werden. (Es gibt, glaube ich, nur deren vier: Mooskopf: 1648; allegorischer Traum von Julus und Avarus: zwischen 1649 - 51; zweite Schweizerreise: kurz nach Juni 1652; Uebermittlung des auf Palmblätter geschriebenen Buchs durch den holländischen Kapitän: 1668)

g) Garzoni: Allgemeiner Schauplatz

In diesem frühbarocken Nachschlagwerk konnte sich Grimmelshausen Auskunft über 'alle Professionen / Künste / Geschäffte / Händel und Handwercke' holen, aber darüber hinaus auch etwas über Geographie, Ethnologie, Hydrographie usw. erfahren. - Entlehnungen aus Garzoni begegnen wir in fast allen Simplicianischen Schriften: Im 'Simplicissimus', in der 'Courasche', im 'Springinsfeld', in den 'Vogelnestern', im 'Ratstübel Plutonis', im 'Bartkrieg', im 'Teutschen Michel'.

Ich finde vier Entlehnungen für die 'Courasche', weitere sind durchaus möglich. Aus Garzoni stammen das Sprichwort über Schneider, Hure und Laus als stolzem Hofgesind (Kelletat) 30) und die Anspielung auf den sittlichen Wandel der 'Cyprianischen Jungfrauen' (= Garzoni S. 676) und der 'Jesebell' (= Garzoni S. 683), beide auf S. 101 der Courasche; sodann hat Grimmelshausen die ganze 'Zugab des Autors' (S. 148) aus dem Schluss des Garzoni-Diskurses ' Von Huren / unnd denen / so ihnen anhangen ' montiert.
Aus den mehreren Sätzen des Garzoni macht er zwei flüssige Satzwellen, aus dem heterogenen, kompilierten Text mit seinen Wiederholungen, verschwommenen Anspielungen die eindringliche Warnung an die 'züchtige Jüngling / ehrliche Wittwer und verehelichte Männer'. Seine Gedanken in der 'Zugab' sind viel ernster als die von Garzoni, wenn auch, wie schon die Entlehnung beweist, durchaus nicht originell und ganz zeitgebunden.

Eine Nebeneinanderstellung der Texte soll den Aufbauvergleich zwischen Garzoni und Grimmelshausen und den Hinweis auf dessen Souveränität und das Erinnerungsvermögen übernehmen (- wörtliche Gleichheit bei absoluter Versetzung - vgl. die Zeilenzählung!):

Grimmelshausen	Garzoni
(fortlaufender Text; Zeilenzählung nach Tarot, S. 148)	(Zählung ab Seite 686; 'In Summa / es ist . . .' = Zeile 1; Zeile 42 = Ende des 73. Diskurses)

Grimmelshausen	Garzoni
Zeile 12	Zeile 34
Darum dann nun Ihr züchtige Jüngling . .	Kompt her jhr Jüngling . .
13 - 17	14 - 18
die ihr euch noch bisshero vor diesen gefährlichen Chimeris vorgesehen / denen schröcklichen Medusen entgangen / die Ohren vor diesen verfluchten Sirenen verstopfft / und diesen unergründlichen und bodenlosen Belidibus abgesagt /	sich vor den Chimeris vorsehe / sich der gefährlichen Medusen abthue / die Ohren vor diesen verfluchten Sirenen verstopffe / diesen unergründlichen und bodenlosen Belidibus absage /
18 / 19	12
lasset euch auch fürterhin diese Lupas nicht bethören /	dass man sich solche Lupas dess Romuli und Remi nicht lasse bethören /
20	36
dass bey Huren=Lieb nichts anders	dass bey Hurenlieb nichts anders
20	2
zu gewarten / als allerhand Unreinig-keit	zu gewarten / als allerhand Unreinig-keit
21	37
Schand / Spott / Armuth und Elend /	Schand / Armuth und Elend
22 - 27	6 - 11
Da wird man erst gewahr / aber zu spat / was man an ihnen gehabt / wie unflätig / wie schändlich / laussig / gründig / unrein / stinckend / beydes am Athem / und am gantzen Leib / wie sie inwendig so voll Frantzosen / und ausswendig voller Blattern gewesen /	da wird man erst gewahr / was man an jhnen gehabt / wie unflätig / schändlich / lausigt / grindigt / unrein / stinckendt / beydes an Athem und dem gantzen Leib / wie sie inwendig so voll Frantzosen / und ausswendig voll Blat-tern /
27	5
dass man sich endlich dessen bey sich selbsten schämen muss /	deren man sich endlich auch bey sich selbst schämen muss
28	38
und offtermals viel zu spat beklagt	offtermals zu spat beklaget

(Natürlich kommt auch sonst in diesem Garzonikapitel über die Huren recht viel von dem vor, was in der 'Courasche' völlig in den Gang der Handlung verwoben ist, z.B. Schönheitspflege (Garzoni S. 683), interner Kampf zwischen den Huren, Brotneid (Garzoni S. 686). - Anderes hat Grimmelshausen erst in späteren Schriften verwertet, z.B. die Sodomie (Garzoni S. 681/6) im 'Vogelnest' (I, 19).)

3. EXKURS: GRIMMELSHAUSEN ALS 'REGISTERLESER'

Im Moscherosch, in den Schwanksammlungen Kirchhofs und Paulis, im Decameron und selbstverständlich in Garzonis 'Allgemeinem Schauplatz' sind die Stoffe in lockerer Ordnung nach Themen (und Sachgebieten) aufgereiht. Der Schelmenroman 'Justina' hat am Schluss einen Schlagwortkatalog, der höfische Roman 'Assenat' im Anhang ein alphabetisches Register und einen wissenschaftlichen Apparat; auch der moralische Traktat von Aegidius Albertinus (z. B. Hauspolicey) ist mit einem Sachregister versehen. Die Werktitel des Barock weiten sich oft zu ganzen Inhaltsangaben und Interpretationen, desgleichen die Kapitelüberschriften und Randglossen (z. B. im 'Teutschen Florus', 'Theatrum Europäum', in der stoizistischen Abhandlung des Justus Lipsius: 'Von der Bestendigkeit', um ganz verschiedenartige Werke zu nennen); diese Aufzettelung des Wissensstoffs und die Komprimierung der Aussage in die Ueberschriften und Vorreden dienen einmal als Aushängeschild der Dichtung und zum andern als Legitimation des wissenschaftlichen, historischen, dichterischen Unternehmens. Damit sind diese Werke aber auch wie für ein Ueberlesen und Ueberschlagen eingerichtet. Ich vermute für Grimmelshausen, dass er während des Schreibens mit Hilfe der Register und Inhaltsangaben laufend sachliche Informationen eingeholt, Erweiterungs- und ausschmückende Teile zusammengesucht hat. Sicher war er als Autodidakt kein systematischer Leser, und er konnte bei seiner Produktion nicht nebenher eine intensive Lektüre betreiben. Wie soll man sich anders die Tatsache erklären, dass er immer über das richtige Zitat und passende Motiv von Garzoni bis zum 'Theatrum Europäum' verfügt, und dass bei vielen dieser Entlehnungen gerade die Prägnanz des dazugehörigen Stichworts in Register oder Ueberschrift auffällt, als mit der Praxis, Apparate, Register und Randglossen zu konsultieren?

Bekannt ist Grimmelshausens Literaturstreit mit Zesen im 'Vogelnest' (I, S. 98 ff). Er beurteilt den Josephsroman Zesens (Assenat), indem er das wissenschaftliche Register durchgeht: "Indessen durchblättert er immerfort die Anmerckungen in gedachter 'Assenat' . . ." (S. 100). Es sagt sicher etwas über seinen Umgang mit Büchern, dass er hier die 'Assenat' nur nach der Sachhaltigkeit bewertet und auf das Künstlerische, die Art der Darbietung, in der sein Josephsroman und der Zesens weit auseinandergehen, nicht eintritt (Zesen ist dramatischer, gleich-mässiger, höfisch-heroisch; Grimmelshausen ist persönlicher; im Schaffner Musai erblickt man sogar einen autobiographischen Zug).

Die Fragestellung kann natürlich nicht mit methodischem Ernst verfolgt werden, und so sei eine mehr spielerische Aneinanderreihung einiger Textstellen erlaubt, auf die Grimmelshausen über Register und Glossierung gestossen sein könnte:

Die Prügelszene im 7. Kapitel der 'Courasche' fand Grimmelshausen unter dem Sammeltitel 'Von Herrschafft der Weiber'; hier konnte er auch den Abschnitt, der die Tollkühnheit, Streitbarkeit und erotische Anziehungskraft mancher Frauen glossiert und der wie ein Programm für die 'Courasche' anmutet, gelesen haben: 'Nun seynd aber andere, welche es der Panťasileae nachthun / auff einem Pferde daherreiten / und sich auch nicht durch Wasserströme / zu setzen / ob sie auch gleich tieff seynd und ihnen die Füsse / auch Hüften baden / schewen nicht uberauss grosse Närrinnen: sich vor dem nicht fürchtende / darvor doch den Männern grawet? dieses weiss ich dass es eine gethan hat / die dantzete so wohl / und ritte so behertzt und frisch / auff dem Pferde daher / trutz einem dapffern und behertzten Cavallier. Derer Mann auch allhie angeschmidet war.' (V, S. 94)

Im 'Theatrum Europäum' (II, S. 282) wird im Register und in einer Randbemerkung auf 'eine Casalische Tochter, die sich männlich hielt' hingewiesen.

Bei Kirchhof ist unter dem Stichwort 'Eheleute' der schon zitierte theologische Beweis für die Gleichberechtigung der Frau angeführt, dessen sich die Courasche bedient; das Vorbild für den Kriegskommissar im 'Simplicissimus' (I, 16) fand Grimmelshausen im 'Soldaten-Leben' Moscheroschs, die Figur Ramsays von Hanau in der 'Hanauischen Dedukation' im 'Theatrum Europäum' (Bechtold); die Szene des im Bett zwangsweise getrauten Liebespaars unter entsprechenden Titeln in Wickram, Francisci oder Boccaccio (sie konnten ihm ja auch bei der Rückfrage behilflich gewesen sein); Garzoni hat er in dieser Art für Auskünfte über die Geheimlehre der Kabbala, das Sprachproblem ('Von denen / so unterschiedliche Sprachen lehren wollen / . . .'), den Adel usw. benützt. Für die 'Courasche' entlehnt er aus Garzonis 'Piazza Universale' bezeichnenderweise nur aus dem 73. Discurs ('Von Huren / unnd denen / so ihnen anhangen') und dies auch wieder beim zweiten Auftritt der Courasche im 'Ratstübel Plutonis'!

4. ZUSAMMENFASSUNG: DIE GATTUNGEN IN DER 'COURASCHE' UND DAS WIRKLICHKEITSVERHAELTNIS

Rückblickend können wir die folgenden in der 'Courasche' latent vorhandenen Gattungen und Stilelemente aussondern:

1. Den Schelmenroman. Er liefert den autobiographischen Zug (den auch der Eulenspiegel und Strickers Buch vom 'Pfaffen Amîs' mitbestimmt haben können), die abenteuernde Ruhelosigkeit, die Unvoreingenommenheit und spätere Unverfrorenheit, die moralische Skrupellosigkeit der Heldin; auch der Fatalismus der Courasche, die sich mit den leidvollen und erniedrigenden Gegebenheiten klaglos abfindet, lässt sich aus ihm begreifen; aus dem Schelmenroman kennen wir das sozial und moralisch tiefstehende Milieu, die illegitime Herkunft des Helden und die damit verbundene satirisch-realistische Tendenz. Aus ihm erklärt sich das formale Kennzeichen der linearen Episodenkette.

(Was die 'Courasche' - diesbezüglich mehr als den 'Simplicissimus' - strukturell vom spanischen Schelmenroman unterscheidet, ist die zentrale Bedeutung der Picarafigur, so dass in ihr nicht mehr die Stationen, Berufe, Stände, welche die umgetriebene Heldin durchläuft, das Entscheidende sind, sondern die Picara selbst, die mittels dieser Lebenssituationen charakterisiert wird: Im 'Simplicissimus' (II, 25) wird die Verkleidung des Narren in eine Kammerzofe dazu gebraucht, um die Begehrlichkeit, Haltlosigkeit der Rittmeisterin, des Rittmeisters, seines Knechts und der Reuterjungen, die Sittenlosigkeit des gesamten Soldatenstandes zu entlarven; die Aussage dieser Burleske zielt nicht auf den Simplicissimus, wogegen an der als Page verkleideten Courasche nur ihr persönliches (versteckt erotisches) Erlebnis das eigentlich Interessante ist. Oder: Beim Uebertritt der Courasche in die Zigeunerbande wird nichts von deren Sitten, Gesetzen usw. objektiv erörtert, was doch naheliegend gewesen wäre (vgl. die Bettlerzunft im 'Guzman', die Schelmenzunft im 'Isaac Winckelfelder').) 31)

2. Die Novelle. Die Verkleidung des Mädchens Libussa als Page Janco ist ein beliebter Novellenstoff, den auch C. F. Meyer in 'Gustav Adolfs Pagen' wieder aufgreift; den novellistischen Gedanken, dass die Courasche von einem Mann an den andern gelangt und Simplicissimus zuletzt auf diese Dame hereinfallen muss, findet man ähnlich bei Boccaccio (Decameron II, 7); den Einfall, eine nach Geburt und Bestimmung höhergestellte Frau mit den Zigeunern das Vagabundendasein teilen zu lassen und das Zigeunerleben in einer heitern Idylle zu vergolden, bei Cervantes. Den Anschluss an die internationale Novellentradition (Bandello) garantiert ausserdem Courasches Warnung an die 'Kerl', in der sie drohend auf das mörderische 'Exempel zu Paris' hinweist.

3. Die Chronik. Die chronikalen Teile sind scheinbar mit der Rahmenfunktion der objektiven Berichterstattung aus dem Dreissigjährigen Krieg betraut, versinnbildlichen aber zugleich den unbegreiflich unbeständigen Lauf der Geschichte, der den besinnungslos gewordenen Menschen in seinem Strudel mitzieht und stranden lässt.

4. Die Erbauungsliteratur, deren Anteil allerdings im Titel und in der 'Zugab des Autors' aus der eigentlichen Erzählung hinausgedrängt erscheint.

5. Am stärksten ist in der 'Courasche' die Gattung des Schwanks vertreten. Zum Teil gehören diese unbestritten Grimmelshausens eigener Erfindung an wie der Schwank von der Namengebung Springinsfelds. Als er dem Kumpanen des Simplicissimus im zweiten Buch seinen Namen gab, dürfte er kaum an dessen schwankhafte Auslegung in der 'Courasche' gedacht haben. 32) Viele Schwänke der 'Courasche' übertreffen an Einfallsreichtum sogar die Schelmenstücklein des Jägers von Soest, so zum Beispiel das Meisterstück der Courasche in Lothringen, wo sie mit den Zigeunerinnen ein Dorf ausräumt. 33)

Schwank, Moralsatire 34) und Schelmenroman sind volkstümliche Gattungen, zu deren Ethos im Unterschied zur höfisch-idealistischen Literatur mit ihrer Frauenverehrung der Anti-Feminismus gehört. Schon Seb. Brants Narrenschiff führt die rachsüchtige, boshafte, ehebrecherische Frau mit sich 35), Rabelais-Fischart zerredet und verlacht den Ehestand (S. 84 ff), Aegidius Albertinus und Johann Beer äussern sich im 'Gusman' und 'Narrenspital' zum Teil sehr abschätzig über die Frauen. Die Courasche als Männerfresserin und Teufelin darzustellen, ist nicht originelle Idee Grimmelshausens, sondern allgemeines Gattungsethos der Volks- und Kompilationsliteratur. 36)

6. Der heroisch-galante Roman (im Werk Grimmelshausens, wenn auch nicht in reiner Form, durch 'Dietwald und Amelinde', 'Proxymus und Lympida' und den 'Keuschen Joseph' vertreten). Er steuert die formale Komponente der spät nachgeholten Herkommensgeschichte bei. Dieses Formelement ist aber entwertet, denn es wurde als beliebiger Erzählteil in die Mitte des Romans verschoben. Der Dichter weiss so schlechten Nutzen aus der hohen Geburt der Courasche zu ziehen, dass er ihr in der Amme eine neue Mutter gibt. Bedeutungsvoller ist die Herkommensgeschichte des 'Simplicissimus', aber auch da wird das Schlussmotiv des heroisch-galanten Romans durch die grobe Erpressung des Knan (Simplicissimus hängt ihm einen Rausch an) und den vereitelten Versuch des Simplicissi-

mus, sich eine Adelsurkunde zu verschaffen, sekundär entkräftet. (Der höfisch-galante Roman könnte auch das Bild der wie eine Amazone heroisch kämpfenden Courasche beigesteuert haben.)

7. Eine Literatursatire erblickt man in der im Komplimentierstil gehaltenen Rede des dänischen Rittmeisters, über deren Lügenhaftigkeit kein Zweifel besteht. Eine Ständesatire ist Grimmelshausen im 'Fluchen', 'Sauffen', 'Dieb und Schelmen schelten' der Kameraden Jancos nebenbei unterlaufen (S. 20).

In den Universalroman 'Simplicissimus' mit seinem Wechselspiel zwischen Weltabenteuerfahrt und ausserzeitlicher Zuständlichkeit konnte die ganze verwirrliche Vielfalt, der verlockende Reiz und das Abstossende der Welt als Gegenpol zum 'nosce-te-ipsum' hineingenommen werden; die Darstellung der labyrinthischen Welt gelang dann am eindringlichsten, wenn die Gattungen der Historie, Erbauungsliteratur, Allegorie usw. möglichst intakt blieben und der Roman selber in den sich überlagernden Gattungen ein Spiegel dieser unauflösbar - unberechenbaren Macht war. - Dagegen nimmt die Courasche in ihrer fraglosen Subjektivität nur in dem Umfang Welt in sich auf, als sie selber zu wollen, zu begreifen, zu erleben imstande ist; die Vielschichtigkeit der Welt, beziehungsweise der Gattungen, wird im Hinblick auf ihre Fassungskraft beschnitten. Es fehlen die Polyhistorie und die Phantastik der Reiseromane, erbauliche Gedanken werden für den Schluss aufgespart, das mystische Erlebnis wird nicht berührt, und die besprochenen Gattungen verlieren in der emotionellen Aussage ihre relative Selbständigkeit, die im 'Simplicissimus' z.B. noch die Schermesser-Allegorie, die Julus-Avarus-Novelle, das Wissenschaftliche besitzen. Deshalb wirkt die 'Courasche', stilistisch beurteilt, stark dramatisch und novellistisch konzis (immer im Vergleich mit dem 'Simplicissimus'). -

Angesichts der bedeutenden Summe der thematischen, motivischen und direkten Entlehnungen in der Courasche und in allen Simplicianischen Schriften stellt sich endlich die auf das Gesamtwerk auszudehnende Frage nach Grimmelshausens Verhältnis zur geschichtlichen Realität. Dieses Verhältnis hat erstmals R. Alewyn in Abgrenzung gegen den Realismus im Barock beim Musikerdichter Joh. Beer herausgearbeitet. Grimmelshausen ist nicht der unvoreingenommene Beobachter seiner Umwelt, dazu zeigen seine Sprache und Vorstellungen allzusehr den Hang zu unnormalen Zuständen, zum Grotesken, Extremen, zum Kontrastbild, zu Derbheiten, Roheiten, Unfläterei, Grausamkeit. Grimmelshausen ist selten, auch dann wenn er schildert, untendenziös. Damit deckt sich der biographische Befund, dass er ein Vielleser war. 'Ich hab doch sonst kein Frewd in der Welt als lesen' sagt Simplicissimus für Grimmelshausen im 'Ewig-während en Calender' (S. 42). Ein wichtiger Teil seines Arbeitsvorganges ist das Erkunden und die Auswertung literarisch schon geformter Stoffe. Selbst für kleinste Erzähleinheiten, die wie ein Scherz im 'Vogelnest' (S. 100) auf einer biographischen Begebenheit zu beruhen scheinen, lassen sich Vorbilder auffinden: Für das kleine Vorkommnis, dass Grimmelshausen (bzw. Simplicissimus), durch die Auseinandersetzung mit Zesens 'Assenat' warm geworden, ohne abzusetzen hinter dem Rücken des Wirts einen Weinkrug herunterstürzt, fand ich in Paulis 'Schimpf und Ernst' (Nr. 371) eine wortwörtliche Vorlage. Vorstufe der moralischen, sozialkritischen Erörterungen in den Simplicianischen Schriften sind nicht nur die einschlägigen Schriften der Garzoni, Moscherosch, Albertinus, sondern Grimmelshausen selber hat in seinem 'Satyrischen Pilgram' (1666) die weissen und die schwarzen Seiten 'vieler Ständ und Ding' abgewogen und so die Stoffe eigens für seine Romane bereitgestellt (denn fast alle Themen der Simplicianischen Schriften haben ihren Keim im 'Satyrischen Pilgram' und Selbstzitate daraus sind nicht selten: Für die 'Courasche' wären der Satz 'Von Weibern' (10) und 'Von der Liebe' 37) (antifeministisch!) heranzuziehen; für den 'Simplicissimus' sozusagen alle 'Sätze' über Gott, den von Gott geadelten Menschen, die Stände, das Geld, das Tanzen, den Wein usw.). - Die autobiographischen Erlebnisse des Dichters, die man aus den Renchener und Offenburger Akten nachgewiesen hat und zu denen in der 'Courasche' der Kontakt mit den Zigeunern, die Kenntnis eines Offenburger Ehegerichtsfalls (vgl. Ehebruch mit dem 'Susannen Mann'), der Aufenthalt in den mondänen Renchtalbädern gehören, scheinen nur dazu in die Romane aufgenommen, damit sie mit literarischen Reminiszenzen kontaminiert und in der Phantasie umstrukturiert werden konnten. Grimmelshausen sucht zu seinen persönlichen Erlebnissen immer wieder den literarischen Anschlusspunkt.

Auf der andern Seite haben wir nur ein Jahrzehnt später in den für Joh. Beer typischen, vom 'Simplicissimus' abhängigen 'Kurtzweiligen Sommertägen' (1683) die Auflösung des befangenen Wirklichkeitsverhältnisses Grimmelshausens in einen Realismus, der sich von der pessimistisch-naturalistischen Ablehnung der Welt (Naturalismus als Gegensatz zum höfischen Idealismus verstanden) freigemacht hat. Die Spannungen zwischen den Ständen und Geschlechtern, die freilich bei Grimmelshausen zum guten Teil Gattungsethos sind, weichen der freundnachbarlichen Beziehung der Gutsherren und dem guten Einvernehmen zwischen Mann und Frau. Der geistlichen Transparenz der Inselhöhle im 'Simplicissimus' steht die innerweltliche behütete Geselligkeit von Wolfgangs Schloss gegenüber. Gleichnishaftes Geschehen wird in eine Vielzahl von anekdotischen Einzelhandlungen aufgelöst; die bunte Folge der Berichte über die Hochzeiten, Diebstähle der Pagen und Maskeraden empfindet man als biographisch wahr, aber als kompositorisch zufällig. Immoralität und Fatalismus Beers finden in der 'Courasche' eine gewisse Entsprechung, wobei der Unterschied zwischen dem eruptiven Charakter der Erzbetrügerin, die ihre Freiheit mit Zähnen verteidigt, und dem österreichischen lebensklugen Sich-Treibenlassen und Fortwursteln Wolfgangs 38) gerade als Unterschied zwischen Naturalismus und Realismus fassbar ist. Beer glaubt an ein Fatum der bedeutungslosen Zufälle; seine Philosophie ist weder moralistisch-asketisch wie bei Guevara-Albertinus, noch christlich-stoizistisch wie bei Lipsius-Viritius. ('Sommer-Täge'; S. 256): 'Jeder (musste) seinem fato, aber nicht wie die Stoici eines defendirten / nachfolgen / so ungern wir auch durch dasselbe unsere gute Gesellschaft zerstöreten'. S. 179: 'Wolan! sagte ich: Wer in der Welt lebt/muss die weltliche Zustände ertragen; man kan nicht immer lachen/man kan auch nicht immer weinen'. Von der Auflehnung der Courasche, die sich höhnend, stehlend, messerstechend gegen eine ganze Welt hinauswagt, ist nichts zu spüren. (Für unsern spätern Zusammenhang ist es jedoch von Belang, dass sich Beer und Grimmelshausen in ihrer Auffassung zuweilen sehr nahe kommen. In den bisher unerwähnt gebliebenen (direkt) verwandten Diebstahlgeschichten in 'Courasche' XIX und im 'Jucundus Jucundissimus' (die Casalsche Edelfrau und die adlige Pflegemutter des Jukundus betreffend) ist Grimmelshausen zwar präziser in der Tat-Motivation, aber beidseitig überwiegt eindeutig das anekdotisch-kriminalistische Interesse am Schelmenstück, zuungunsten des moralischen.)

Unsere erste Frage lautete: ob wir die 'Courasche' ausschliesslich mit moralischem Massstab messen dürften, oder ob Grimmelshausen der animalischen Pracht seiner Heldin selbstvergessen erlegen sei? Grimmelshausen bewegt sich, wie gezeigt wurde, auch in der 'Courasche' durchaus im barocken Gattungssystem und orientiert sich an den (moralisierenden) enzyklopädischen, satirischen, erbaulichen Stoffkomplexen, die Antifeminismus, Skepsis vor der Ehe, Warnung vor dem Krieg usw. beitrugen. Abgesehen davon, dass der Courasche im Hosenkampf die Sympathie gehört, abgesehen von der Immoralität der Diebstahlgeschichte in Kap. XIX und den verwandtschaftlichen Beziehungen zum Schelmenroman, gab es kaum Indizien dafür, dass Grimmelshausen vom ererbten pessimistisch-moralischen Ethos abweicht.

II. NATURALISMUS (FRAU WELT) - REALISMUS (PICARA)- EXPRESSIONISMUS (DAEMON)

Weil sich unter jedem dieser drei Aspekte der Roman jeweils zu sinnvollen Bezügen zusammenschliesst, bleibt letztlich die Verteilung der Hauptakzente auf den Naturalismus oder Realismus dem Ermessen des Interpreten überlassen.

Ich bin der Ansicht, dass keiner von den drei möglichen Interpretationsansätzen (weitere sind durchaus denkbar) ganz vernachlässigt werden darf; ich werde aber im folgenden in Uebereinstimmung mit M. Wehrli die Auffassung von der 'Courasche' als ein den 'Simplicissimus' heiter-ausgelassen begleitendes Satyrspiel in den Vordergrund rücken und die naturalistisch-moralistischen Züge eher zurücktreten lassen.

1. NATURALISMUS: COURASCHE ALS MORALISCHE ALLEGORIE

Die Erstausgabe der 'Lebensbeschreibung der Ertzbetrügerin und Landstörtzerin Courasche' erschien 1670. Ihr gingen die Ausgaben des 'Satyrischen Pilgrams', des 'Keuschen Josephs' und des 'Simplicissimus' (6 Bücher) voran. Im gleichen Jahr wie die 'Courasche' wurden 'Dietwald und Amelinde', 'Ratio Status', 'Der erste Beernhäuter', 'Simplicissimi Gauckeltasche', 'Springinsfeld' und 'Musai Lebens-Erzehlung' erstmals aufgelegt. Grimmelshausen hat sehrwahrscheinlich gleichzeitig an der 'Continuatio' des 'Simplicissimus', an 'Dietwald und Amelinde' und an der 'Courasche' gearbeitet. Man nimmt das an, weil in 'Dietwald und Amelinde' im Sonett Sylvanders der 'Courasche alt' gedacht wird. Mit der Datierung der Vorrede in 'Dietwald' vom 3. März 1669 ist auch der Terminus ante quem für die Entstehung der 'Courasche' gegeben. Wohl fällt die Hauptentstehungszeit des 'Simplicissimus' auf die Jahre 1665 bis 67. Aber die 'Continuatio' entstand erst 1668/9 in schneller Arbeit. Beweis dafür ist, dass die 1668 in deutscher Sprache erschienene Novelle 'Isle of Pines' als Vorbild gedient hat. Bei der Abfassung der 'Courasche' und der 'Continuatio' war Grimmelshausen Schultheiss in Renchen und hatte die schlimmsten materiellen Nöte überwunden. 1665 bis 67 war er praktisch arbeitslos gewesen. Der Ertrag aus der kleinen Weinstube in Gaisbach hatte nicht einmal die notwendigsten Bedürfnisse seiner zwölfköpfigen Familie zu befriedigen vermocht. Damit ist, nach Scholte, ein Antrieb zum Schriftstellertum Grimmelshausen gegeben: der Broterwerb. Mit der Notlage würde dann auch die Anlage des Simplicissimusromans zusammenhängen, der sich in Continuationen immer weiter ausbauen liess; und aus ihr erklärte sich der Satz ganz am Ende des fünften Buchs: 'ob ich aber wie mein Vatter seel. biss an mein End darin (im Einsiedlerstand) verharren werde / stehet dahin'. Den ersten fünf Büchern wurde unter Verwendung des sehr aktuellen Themas der Robinsonade eine Fortsetzung im sechsten Buch angehängt; die 'Courasche' als siebentes Buch der Simplicianischen Schriften kontrastiert den 'Simplicissimus'; 'Springinsfeld', die 'Vogelnester' und die drei kleinen 'Continuationen' bewegen sich alle im Umkreis der einmal aufgerichteten Simplicianischen Welt. - Wie der 'Simplicissimus' war auch die 'Courasche' ein buchhändlerischer Erfolg. Wie beim 'Simplicissimus' folgte der Originalausgabe bald (1671) eine unrechtmässige von einem Korrektor überarbeitete Ausgabe, welche heute verloren ist und die man nur aus der Beschreibung Scholtes kennt (CgB: Breslau und Berlin). Aeusseres

Kennzeichen ist die französische Schreibung 'Courage' im Titel. Die Merkmale dieser normalisierten Ausgabe sind dieselben wie die des überarbeiteten sog. Schulmeister-Simplicissimus (Müller, Frankfurt 1669). Erläuterung der Fremd- wörter in Klammer und Abweichungen von der Wortstellung Grimmelshausens im Nebensatz sind die zwei wichtigsten Aenderungen (Grimmelshausen hat die auf- stauende synthetische Wortstellung mit der Personalform des Verbums am Schluss, der Raubdruck die progressiv-analytische: 'Dass ich angeführt worden bin' - CgB: 'dass ich bin angeführt worden'; 'als wann ich genommen worden wäre' - CgB: 'als wann ich were genommen worden'). Wie beim 'Simplicissimus' begegnete der Ver- leger Felssecker dem Raubdruck noch zu Lebzeiten des Dichters mit einer zwei- ten rechtmässigen Ausgabe. - In der posthumen Gesamtausgabe (Nürnberg 1683/5) hat die 'Courasche' mit den gereimten Kapitelüberschriften und -schlüssen ihre ursprüngliche Gestalt verändert und wurde dem barocken Geschmack adaptiert.

Es ist für die allegorische Interpretation der 'Courasche' eine bedeutungs- volle Frage, ob neben den gleichen Editionsverhältnissen weitere Zusammenhänge zwischen ihr und dem 'Simplicissimus' und den Simplicianischen Schriften im all- gemeinen bestehen, denn von ihrer Beantwortung hängt die Lizenz ab, verbind- liche Masstäbe aus den Simplicianischen Schriften an die 'Courasche' heranzutra- gen.

Streller, Hachgenei, Wiesmann und neustens Feldges sprechen sich für ei- ne Einordnung der 'Courasche' in einen Zyklus von zehn Büchern aus, dessen Grundgedanke um das Verhältnis des Menschen zu Gott und der Welt kreisen (Streller), der die ständige Unbeständigkeit der Welt darstellen würde (diese würde sich auch in der offenen Komposition auswirken!). Es wird betont, dass nicht ästhetische Masstäbe an die Simplicianischen Schriften angelegt werden dürften, der Zyklusgedanke gehorche einer theologischen Idee und sein Motiv sei die Didaktik.

Der darin enthaltenen Forderung, die 'Courasche' nur moralisch-allego- risch aufzufassen, liegt die Voraussetzung zugrunde, dass es zwischen der Ebene bewusster intellektueller Weltbewältigung und der Ebene gestaltenden genialen Dichtens keine Niveauunterschiede geben könne. Aber fast bei jedem Dichter ist ein Abstand da und die Beziehung ist immer wieder anders. Ein zeitlich abgele- genes Beispiel eines stark vom Denken her geprägten Romans ist Musils 'Mann ohne Eigenschaften', dessen Unabgeschlossenheit sich nicht aus einer dichteri- schen Notwendigkeit, sondern aus dem intellektuellen Experiment des Möglich- keitsdenkens erklärt. Anders muss man bei Grimmelshausen von einer ahnungs- losen künstlerischen Genialität sprechen, wollte er doch im Weltgedicht 'Simpli- cissimus' nur, wie er im 'Satyrischen Pilgram' bemerkt, dessen Probleme auf 'lustigere Manier' bringen (S. 151); aber wie hintergründig und undurchdringlich sind durch das Narren- und Schelmenmotiv die starren antithetischen Positionen des 'Satyrischen Pilgrams' geworden!

Streller und Hachgenei stehen als Argumente für eine didaktisch-absichts- volle Komposition der Simplicianischen Schriften (und damit der 'Courasche') zur Verfügung, dass Grimmelshausen im berühmten Vorwort zum 'Vogelnest' (II) selber die Reihenfolge und Zusammengehörigkeit der Bücher 1 - 10 bestätigte; dass die zehn Bücher durch gleiche Personen und Schauplätze verklammert sind und sich gewisse (theologische) Themen durch alle Romane hindurch verfolgen

lassen; ferner, dass das namentlich aus dem 'Simplicissimus' gewonnene Prinzip
der Zahlenkomposition, auf die 'Courasche' (und andere Schriften) appliziert,
eine sinnvolle Lösung gibt. - Gegen diese Gründe liesse sich einwenden: Die Vo-
gelneststelle dürfe nicht allzu ernst genommen werden und könne auch Reklame
des Schriftstellers für sein Werk sein; das Personal des Zyklus kommt auch anderswo, im Kalender, im 'Ratstübel Plutonis', in den 'Continuationen' vor; und
warum hat Grimmelshausen das für die religiöse Entwicklung des Simplicissimus
so bedeutende Ereignis, dass er von Mauritius in den Schwarzwald zurückfindet,
wo er Zeugnis seiner tätigen Nächstenliebe ablegt, nicht in den Zyklus aufgenommen?

Zum letzten hat Strellers Grimmelshausen-Buch die Kritik Hartmanns her-
vorgerufen. Problematisch sei, dass die Ergebnisse, die die Zahlenkomposition
möglicherweise liefert, hinter der direkten Aussage der Dichtung zurückständen:
Was sagt es besonderes, wenn im Preislied auf den Bauernstand (I, 3) im Pro-
dukt $2 \times 3^3 \times 37$ (= Summe aus 40 Zeilen, 249 Worten, 322 Silben, 1074 Buchstaben,
213 Zahlbuchstaben) göttliche Gnade und göttliches Gesetz symbolisiert wird? 39)

Hartmann beanstandet die fehlende Eindeutigkeit. Gruppierungen seien
auch im 'Simplicissimus' (z. B. Buch III) nicht eindeutig zu ermitteln. Weshalb
wurde Mehrdeutigkeit vom offenbar bewusst komponierenden Dichter zugelassen?
Ausserdem stelle Streller gleiche Beziehungen durch unterschiedliche Methoden
der Zahlenkomposition heraus. Einmal bringt er für das Zusammenleben des
Simplicissimus mit Olivier Kapitelzahl (11) und Buchstabenzahl von dessen Gegenspieler Hertzbruder (auch 11) in Zusammenhang, in der 'Courasche' hingegen für das Zusammenleben der Protagonistin mit Springinsfeld Kapitelzahl (9)
und Buchstabenzahl der Courasche selbst. Gegen die Zahlenkomposition als Inter-
pretationshilfe sei allgemein zu sagen, dass die Vieldeutigkeit mancher Zahlen
den festen Zugriff verhindert; 7, 17, 3 mit ihren Potenzen können sowohl das heilige als auch das böse Prinzip vertreten. Durch Addition, Substraktion, Multi-
plikation, Potenzieren, Bildung von Quersummen, ja durch blosse Umkehrung
(24 = 42) kann fast jede beliebige Zahl gewonnen werden. - Zudem ist über Hartmann hinaus zu sagen, dass auch geschichtlich gesehen die weite Geltung, die
Streller für die Zahlenkomposition im 17. Jahrhundert und bei Grimmelshausen
annimmt, nicht zutreffen dürfte: Sie war schon im Spätmittelalter sehr selten und
war es in der weltlichen Dichtung seit je.

Verbleiben wir bei Streller: Nach ihm ist nun die 'Courasche' ein Sinnbild
der Weltlust und Weltverfallenheit. Sie sträubt sich gegen jede Einsicht in die
eigentlichen Aufgaben des Christenmenschen und wendet sich gegen sie mit Hass
und Zynismus. Bekehrungsversuche weist sie höhnisch zurück. Die Weltverfallenheit äussert sich bei ihr als Trieb zu hemmungsloser Sexualität und als Geiz. Die
'Courasche' ist eine Allegorie. Ihre Unfruchtbarkeit ist Sinnbild für die Ergebnislosigkeit irdischen Tuns. Denken wir in Strellers moralisch-ethischen Bahnen
weiter, ergeben sich uns tatsächlich viele allegorisch durchsichtige Handlungs-
momente und Attribute der Courasche:

Der Dreissigjährige Krieg dient zur Darstellung der Sünde schlechthin. Im
stufenweisen sozialen und moralischen Abstieg der Courasche würde das Schicksal des sich an die Welt hängenden Menschen beschrieben 40), der moralische
Abstieg wäre die notwendige Folge der Weltverfallenheit, der soziale wäre Beweis

für die Unberechenbarkeit der Fortuna auch ihren Kindern gegenüber. Courasches Geldgier würde die Nötigung des gottlosen Menschen zum Judenwerk zeigen, zur hochmütigen Selbstbehauptung, zum 'Ratio Status' Sauls, der sich nach Grimmelshausen mehr auf seine eigene Schlauheit als auf die Weisungen Gottes verliess. Theologischer Anschlusspunkt für Courasches Habsucht wäre etwa Thim. 6, 1: 'Radix omnium malorum est cupiditas'. Ihre rastlose Selbsttätigkeit wäre ein Zeichen für die fehlende Demut und Gelassenheit; ihr Herumstreichen als Zigeunerin (wieder im 'Springinsfeld' und wieder im 'Ratstübel') gliche der Ruhelosigkeit, zu welcher der ewig herumwandernde Jude Ahasverus verdammt ist. Auf einer letzten Stufe wäre die Courasche die grosse Hure Babylon, die Teufelin und Menschenfischerin, durch deren Berührung die Menschen den Seelentod sterben. - Die wichtigste Stütze solcher allegorischer Auslegung scheint mir in den 15-maligen höhnischen Ausrufen, die sich an Simplicissimus richten, gegeben; denn indem sie sich dem Simplicissimus zukehrt, müsste dessen Ruhe und Gelassenheit aus der Reflexion und der Unterschied zur 'Courasche' wahrgenommen werden. Wahrscheinlich ist auch, dass der Barockleser, sensibilisiert für das Rollenspiel durch Welttheater, Schäferidyll usw. die Ich-Rolle der Courasche zum vornherein nicht in einem psychologisch-positivistischen Sinn ernst nahm, sondern eine didaktische Attitüde Grimmelshausens erkennen und die 'Courasche' nun durchwegs als negatives Exemplum auslegen musste.

Präziseres und Endgültigeres über die 'Courasche' als Allegorie bringt Mathias Feldges in seiner jüngst erschienenen Dissertation: 'Grimmelshausens Landstörtzerin Courasche', zugleich der ersten zusammenhängenden Interpretation dieses Romans.

Persönlicher Ausgangspunkt für die allegorische Interpretation von Feldges war seine Verwunderung über die schmale (nur anekdotische) Berührungsfläche zwischen 'Courasche' und 'Simplicissimus': Ihm schien der harmlose Spass, den sich Simplicissimus mit dem blinden Pistolenschuss gegen die Courasche erlaubt und in seiner Lebensbeschreibung - ohne Namensnennung! - publiziert hat, nicht genügender Anlass für die beleidigte Courasche, im Zorn (der sich über die ganzen sieben/acht Erzähltage hinweg nicht abkühlt) einen ganzen Trutz-Simplex zu verfassen. - Fasste Feldges aber die 'Courasche' als Allegorie von der Frau und Dämonin Welt auf, dann enthielt die erregte Weltabsage im 'Simplicissimus' (V, 24) schroffste und breiteste Anklagen gegen eine 'unbeständige', 'arglistige', 'verführerische', 'unreine', 'stinkende', 'betrügerische', 'räuberische' und 'mörderische' Courasche, welche ihre Empörung hinlänglich erklären würden.

Nun hat man in der 'Courasche' auch früher schon den mittelalterlichen Frau-Welt-Topos von der vorn 'glatthärigen', höfischen, hinten aber von Würmern zerfressenen teuflischen Dienstherrin gefunden (z. B. Streller, a.a.O., S. 54; Kelletat, a.a.O., S. 817). Feldges fällt jedoch das Verdienst zu, die vagen Andeutungen überprüft und die Vorstellung am Text konkretisiert zu haben. Methodische Grundlage (die hier nicht diskutiert werden kann), bildet sein Nachweis, dass im Barock das Interpretations- und Kompositionsprinzip des altehrwürdigen vierfachen Schriftsinns noch wirksam gewesen sei, auch bei den 'Profan-Skribenten'. Ein Aufbau der 'Courasche' in die Stockwerke des literarischen (Wörtliches), allegorischen (Bedeutung), moralischen (Anwendung) und anagogischen Sinns (Konfrontation mit der göttlichen Heilslehre) lägen im Bereich des Wahrscheinlichen. Damit wird die 'Courasche' zum schwärzesten Buch Grimmelshausens. Denn auf der untersten Ebene würde sich uns die 'Courasche' als pessimistischstes Bild der Frau katexochen darstellen; in ihrer Biographie würde sie in den vier Phasen von luxuria (sexueller Genuss), Zorn (Kampf), Neid (Geldgier) und Trägheit (Müssiggang bei den Zigeunern) die vier Alter einer jeden Frau vorleben. (Die Wissenschaft von den vier Altern der Frau, auch als sanguinisches, cholerisches, melancholisches, phlegmatisches Alter auseinandergehalten, wurde Grimmelshausen durch Aegidius Albertinus (Gusman) und Garzoni (6. Diskurs im Piazza Universale) vermittelt, was eine wörtliche Uebernahme in den 'Ewig-währenden Calender' (S. 266) beweist.)

Auf der allegorischen Ebene deckt sich, wie erwähnt, das Porträt von der Courasche mit dem Frau-Welt-Topos. Dessen Hauptmerkmale - verführerisches Aussehen und Verhalten der herrischen Dame; ihr Gefolge von blinden Dienern; die Täuschung eben dieser Diener, Prellung um den Lohn für das Dienstverhältnis - alle diese Vorstellungen finden wir in der 'Courasche' wieder. Aber auch der unhöfischen und wie eine Furie wütenden Courasche läge ein mittelalterlicher Topos von der Welt als Dämonin zugrunde, eine volkstümlichere Version des Bildes von der adligen Dienstherrin Frau Welt. Die Glaubwürdigkeit der Allegorie erhöht sich dadurch, dass man - nach Feldges - dem Topos Frau Welt auch bei Georg Rudolf Weckherlin begegnet, bei Catharina Regina von Greiffenberg, Abraham von Franckenberg, Valerius Herberger, Andreas Gryphius, Abraham a Sancta Clara, Johannes Rist, Paul Gerhard, Jakob Bidermann. Zuletzt lässt sich ausnahmsweise die Intention Grimmelshausens auch von der Zahlensymbolik aus wahrscheinlich machen: Denn die verdeckten und offenen Anspielungen auf die symbolische Zahl 7, der Chiffre für die Welt, sind auffällig und zahlreich, und dies dann gerade auch wieder im 'Adieu Welt' des 'Simplicissimus', wo (wie Günther Weydt nachgewiesen hat) Grimmelshausen in einer Aufzählung von Krankheiten und Todesarten g e g e n seine Albertinus-Vorlage die Reihen auf je vierzehn Beispiele ergänzt; die 'Courasche' ist das 7. Buch im Simplicianischen Zyklus, bestehend aus 4 mal 7 Kapiteln, 7 Ehen werden in ihr geschlossen, 7 Punkte enthält der Heiratskontrakt mit Springinsfeld. Zugleich ist die Zahl 7 die Zahl der Frau, eines unsteten und variablen Wesens wie die Luna (Lunazahl = 7). Grimmelshausen nennt im 'Ewigwährenden Calender' (S. 495) die schlechte Frau eine 'böse Sieben' - nach Feldges eine Anspielung auf die Stichkarte in einem mittelalterlichen Kartenspiel, die wertmässig auch über den Karten mit den Bildern von Papst und Kaiser stand, und auf der ein Weib dargestellt war. (Mir scheint auch eine Anspielung auf einen Buchtitel, auf Schuppius: 'Die böse Sieben' (1662) möglich. 41)) Im weitern beobachtet Feldges nun sehr genau, wie die statische Allegorie in der 'Courasche' lebendig wird. Die mittelalterlich-simultane Darstellung ihres Wesens sei einer sukzessiven Entwicklung, Exemplifizierung ihres doch immer unverändert bösen Charakters gewichen. Näher besehen sei die 'Courasche' nichts anderes als die in zeitliche Sukzession aufgelöste Allegorie von der (Frau) Welt des Dreissigjährigen Kriegs. Ihr würde also zum Mittelalterlich-Allegorischen noch die zeitnahe Weltbestimmung, aber nur des sündigen, abgefallenen Teils, beigegeben; dies erst ermögliche die soziale Kritik und Ständesatire. (Ausfälle gegen den Bauernstand, Soldatenstand, Frauenstand usw.)

Die moralische Aufforderung Grimmelshausens in der 'Courasche' müsste in engem Anschluss an die Allegorie formuliert werden: 'Meide die Welt', laute sein Zuruf. Grimmelshausen hätte aber diese Warnung nicht wie andernorts in den Simpliciana durch Einschübe moralisierender Reflexion direkt ausgesprochen, sondern er hätte den moralischen Sinn durch einen grellen, marktschreierischen Stil suggeriert. In der 'Courasche' sieht Feldges eine Gaukelpredigt, in der sich die Taten der Erzbetrügerin und Landstörzerin durch übertreibende Darstellung von selbst richten.

Auf der obersten mystischen Stufe der vier Schriftsinne würde sich die Courasche als Vorläuferin des Antichrists entlarven, wie andererseits die Christophorusgestalt des Simplicissimus als Wegbereiter Christi gelten dürfe. Courasches Vater, Graf Mathias von Thurn, kämpft für den Türken, den man traditionell den Antichrist nannte; Courasche selber trägt einen türkischen Säbel. Als Emblem führt sie unter anderem auf dem Titelkupfer einen Basilisken, zu dem Albertinus in seinem 'Schaw- und Tummelplatz' in einem eigenen Kapitel schreibt: 'Durch dise Schlang wird verstanden der Teufel oder dessen Statthalter der Antichrist / . . . (Feldges S. 179). Die korrupte Welt, deren Vertreterin sie ist, liegt in den letzten Zügen; darum lege sie, so kombiniert Feldges, eine Haupt- oder General Beicht ab und werde eine 'unnütze abgelegte Last der Erden' genannt. Von dieser verkommenen, abgelebten antichristlichen Frau Welt drohen dem Menschen in der kurzen Frist, die ihm bis zum Niedergang aller Zeitlichkeit bleibt, die schlimmsten Anfechtungen. Gebe er ihnen statt, dann bringe ihm die Teufelin und schwarze Todesmutter Courasche den ewigen Tod. 42)

Die Schlüsse, die sich bei Feldges aus der strikten Allegorese ergeben, sind dann doch unerwartet: Die 'Courasche' dürfe nicht mehr (vorbehaltlos) zum Schelmenroman gezählt werden. Die Heldin ist nicht weibliches Gegenstück zum Simplicissimus, das im Gegensatz zu ihm (aber unter ähnlichen Voraussetzungen) den Versuchungen der Welt erliegt, sondern gerade seine Versucherin und die negative Folie für all sein Tun und Lassen. Damit ist der Zusammenhang der beiden Romane denkbar eng. Die 'Courasche' sei auch kein Entwicklungsroman; sie ist nur die Ausbreitung verschiedener Aspekte eines von Anfang an in seiner Unbeständigkeit unveränderlichen Grundcharakters. Grimmelshausen gelang in ihr das 'doppelte Sehen', er stattete seine Heldin mit grösstem spontanem Menschsein und allegorischem Beziehungsreichtum aus.

(Es sei erlaubt, zur Veranschaulichung dieser letzten These den Sachverhalt mit einem Beispiel aus der Kunstgeschichte zu illustrieren: Für die Charakterzeichnung von Dürers 'Vier Aposteln' (1526) waren die Typen der vier Temperamente mitverantwortlich. Dennoch sind die Apostel über das Typenhafte hinaus volle und mit grosser Kraft gezeichnete lebendige Menschen, und so individuell, dass man Johannes, dem Sanguiniker, Aehnlichkeiten mit Melanchthon (vgl. den Kupferstich vom gleichen Jahr) nachsagt; doch ist alles wiederum nicht so gemalt, dass dahinter der religiöse Gehalt verblasste.)

2. REALISMUS

a) 'Courasche' als unreflektierte Schelmengeschichte

Derart hat man immer wieder von der tiefen moralischen Verkommenheit der Courasche und ihrer kriegerischen Zeit gesprochen und daneben gern die ihr immanenten positiven Züge von Sorglosigkeit, Heiterkeit und Unabhängigkeitswillen übersehen. Der nicht aufzulösende Widerspruch zwischen ihrem Hexen- und Picaraporträt scheint zugleich der Widerspruch zu sein, der zwischen dem (konventionell) denkenden und dem (originell) gestaltenden Künstler Grimmelshausen besteht. Man sieht die Courasche zu einseitig, wenn man wie Streller und Hachgenei in ihr nur eine moralische Warnung vor der Welt und ihren fragwürdigen Genüssen erblickt. Auch Feldges gelingt bezeichnenderweise nur die strikte allegorische Interpretation des Mittelteils, hingegen nicht der sorgfältig ausgeführten Schlussanekdoten vom Susannenmann, vom menschenfresserischen Kalb, von dem lebhaft erzählten Zigeunerdiebstahl, der sich nicht so recht ins Bild einer phlegmatischen Konstitution der griesgrämigen Vettel Welt fügen will. Deshalb ist nun nochmals mit aller Deutlichkeit festzuhalten, dass die 'Courasche' trotz aller Einwände strukturell gesehen ein eigentlicher Schelmenroman ist, entschiedener als der Simplicissimus. Eindeutig dieser Gattung zuzurechnen ist sie durch den typischen Lebenslauf der Heldin mit illegitimer Herkunft, Entwicklung vom vorwitzigen aber arglosen Opfer zur durchtriebenen Meisterin der Schliche und Ränke einer durch und durch verdorbenen Welt; pikaresk ist das stete Herumgetriebensein, die Abenteuerkette gleichwertiger Ereignisse, das Vergnügen an der Schilderung von Laster, Roheit, Krankheit (vgl. Alewyn, rororo 9, S. 147).

Es ist gut möglich, dass in der Courasche eine Allegorie (übrigens die einzig extensive in der deutschen Literatur) von der Frau Welt zur Darstellung gelangen sollte. Der ursprüngliche Plan zu einer statisch umgrenzten Allegorie droht aber im Vollzug der cholerisch-impulsiven Dichtung abzubröckeln. Freilich nicht unerwartet. Seit sich Grimmelshausen im 'Simplicissimus' für seinen 'lustigen Stylum' entschlossen und sich vorgenommen hat, 'unter dem Schein kurtzweiliger Geschichte (. .) treulich zu warnen' (Vo II, Vorrede), hat er vielmals den Anforderungen guten Erzählens - und das hiess: humorvoll, unapodiktisch, menschlich-offen zu erzählen - weit mehr genügt als der selbstauferlegten Verpflichtung, tendenziös zu sein.

Wie Günther Weydt zu zeigen versucht, liegt dem 'Simplicissimus' als Entwurf ein an der alten chaldäischen Reihe orientiertes astrologisch-alchimistisches Schema zugrunde. Grimmelshausen hätte diesen kosmischen Organismus aus theologisch-harmonistischen Tendenzen heraus in den Roman eingeplant. Prüft man nun den 'Simplicissimus' im Hinblick auf dieses (oder ein zahlensymbolisches) Schema, so springt die Inkonsequenz in der Ausführung in die Augen: Man wundert sich über die verzerrten Phasenlängen und über die Vielzahl der nicht integrierten novellistischen und wissenschaftlichen Anbauten. Die astrologische und inhaltliche Symmetrie der ursprünglich fünfbuchigen Anlage mit dem streng auf den Anfang bezogenen Schluss wird im sechsten Buch zerstört. Aehnlich muss man für die 'Courasche' annehmen, dass literarische Gattung (Schelmenroman / Groteske) und didaktisches Fach (Allegorie) interferieren. Unbedacht verliert sich Grimmelshausen in seiner 'schwarzen Allegorie' an zwei Extreme: Erstens an einen sich an der Weltfülle und den erstaunlichen Figurationen des Schicksals und gerissener Selbstbehauptung erbauenden Realismus ('ich muste offt selbst meiner lachen / und mich über meine vielfältige Veränderung verwundern' S. 141); zweitens an einen Expressionismus, der teilweise widersprüchlich Hyperbeln von der Courasche als Schacherin, Schelmin, Zauberin, heroische Amazone, Venus und Hure Babylon häuft, vergleichbar mit dem Expressionismus in den Grotesken von der 'Celestina' bis zur 'Alten Dame' (Dürrenmatts), welche sich als antike Schicksalsgöttin, zynische Versucherin und grosse Liebende monumental von der bürgerlich-durchschnittlichen Umgebung abhebt, statisch, jedoch ohne Allegorie zu sein.

Zusätzliche Schwierigkeiten beim Versuch, Grimmelshausen in der 'Courasche' eindeutig auf eine Lehrmeinung zu fixieren, ergeben sich aus der humoristischen Grundhaltung des Dichters. Sie bewährt sich schon in seiner Glaubenshaltung, indem er nie eindeutig auf eine kirchliche Konfession fixiert war. Humoristisch entzieht sich Simplicissimus-Grimmelshausen mit seinem 'weder Petrisch noch Paulisch' dem eifernden Pfarrer, um des Spielraums für seine Toleranzideen willen. Weitere Fakten hat Klaus Haberkamm in seinem Beiheft zum 'Calender' zusammengetragen. Danach bezeichnet sich Simplex dort (einmal) als evangelisch; Grimmelshausen selbst als strassburgisch-bischöflicher Schultheiss bekennt sich im gleichen Kalender offen sowohl zum katholischen Zonagrius (= Garzonius) wie auch wieder zu Indagine, dessen 'Introductiones Apotelesmaticae' auf dem Index standen. Den Bibelzitaten im 'Ratio Status' legt er bedenkenlos die Lutherübersetzung zugrunde, damit er die Schrift dem protestantischen Herrn Kraft von Crailsheim zueignen kann.

Allgemein ist Grimmelshausens zur Hauptsache eher protestantisches Frühwerk doch in manchem - vom Einsiedler- und Vanitasthema bis zur eventuellen Konzeption der 'Courasche' im Hinblick auf den vierfachen Schriftsinn - katholisch inspiriert. Doch im wesentlichen lässt er wie anders auch Logau und wieder anders Gryphius die konfessionelle Welt ironisch unter sich.

Gleichermassen ironisch behandelt er den Aberglauben vom Hexenflug, von Geistererscheinung, Wahrsagerei, Wetterprognostic, Nativitätenstellerei, Astrologie (!) 43) und vom Galgenmännlein (!) 44)

(Häufiger im 'Simplicissimus' als in der 'Courasche' hilft sich Grimmelshausen mit dem Kunstgriff ironischer Transzendierung über die Schwierigkeiten hinweg, zwischen den nicht zu vereinbarenden Positionen untendenziöser Schilderung und moralischen Imperativs zu schlichten. Angenommen, Grimmelshausen hätte wirklich dem Simplicissimus im alten Dragoner mit seinem zerflickten Kleid einen Don Quijote, idealen christlichen Ritter von der traurigen Gestalt, zum Dienstherrn im 'Paradies' geben wollen, Simplicissimus selber aber für diesmal die Rolle des materialistisch gesinnten Sancho Pansa zugedacht (so Könnecke und Weydt a.a.O., S. 149): Dann setzte er aber diesen stillen und moralisch integren Soldaten (S. 181: 'mein Herr (war) einer von den jenigen Soldaten / die in Himmel zu kommen getrauen / (. .) er betrübte (. .) kein Kind') doch wieder dem beissenden Spott aus als unheroischen, 'liederlichen, kargen Filtz' und Hasenfuss. Aus der Rüge an dem diesseitigen Helden Simplicissimus spricht andererseits deutlich seine Bewunderung für das hübsche, interessierte und begabte 'Jägerken'. Planung und spontane Ausführung widersprechen sich ironisch.)

Im folgenden soll nun also der Versuch unternommen werden, der Courasche auch die (von Feldges vernachlässigte) unbekümmerte schelmengesichtige Seite abzugewinnen; sie wird, abgesehen von der gattungsmässigen Verwandtschaft mit dem Lazarillo und Gusman (1) greifbar in der für Grimmelshausen ungewohnten Beleuchtung sittlicher Themen und in der Entschwerung und Verkürzung moralisierender Anspielungen (2), besonders aber in der loseren Komposition des Schlusses (3).

1. Zu den sympathischen Zügen der Courasche gehört ihre pikareske Fähigkeit, sich mit Witz und Zähigkeit aus den aussichtslosesten Positionen herauszuwinden. Der Aufschwung gelingt sogar dann, als ihre ganze Habe vom Offenburger Gericht konfisziert wird. So ist sie wie Cervantes' Pipota, Lopez' Justina, Brechts Courage und Hauptmanns Mutter Wolffen (Biberpelz) eine bewunderte Selbsthelfergestalt. Selbsthilfe, Selbsterhaltung ist nach Grimmelshausen die Schuldigkeit eines jeden Menschen: 'Ein jedweder einzeler Mensch (ist) schuldig / sein eigen Leib und Leben zuerhalten / ' (Ratio Status, S. 9). Im 'Springinsfeld' wird die gesellschaftliche Integrität dreier verschiedener Soldaten von den Vorgesetzten nach ihrem Selbsterhaltungstrieb und Selbstwertgefühl bemessen. Ein General, der sonst allgemein als Soldatenvater galt, verurteilt dort einen haltlosen Spieler zum Galgen, weil er das Leben nicht wert sei: 'Dieweil du aber dir selbsten nichts nutzen noch zu gut thun wollen / so kan ich nicht sehen / was du meinem Keyser nutz zu seyn begehrest' (Kap. XI, S. 61).

Selbst Lebensgier und Genussucht, wie sie die Courasche beherrschen, werden in den Simpliciana nicht durchwegs verurteilt. Der dritte von jenen drei Soldaten im 'Springinsfeld', Oberst Lumpus, welcher in sechs fürstlich verlebten Wochen ein ganzes Fass Golddukaten verprasst, wird gerade wegen seiner ungezügelten Lebenskraft begnadigt.

Mit der Vitalität begabt, sich überall durchzuschlagen und immer wieder aufzukommen, ist die Courasche die unverfälschteste Picarofigur, die Grimmelshausen gelang. Im Wetteifer mit Simplicissimus um die Vagabundenehre brennt sie ein Feuerwerk von sprühenden Gaunerstücklein ab und schiesst in fröhlicher Uebertreibung bis zu den Sternen hinauf: 'Spring-ins-felt aber lernete in dessen die Kunst und kam so meisterlich in die Griff / dass er sich unterstanden hätte / alles zu maussen / es wäre dann gar mit Ketten an das Firmament gehäfftet gewesen / ' (S. 110). Die Schelmenehre (die sich der moralischen Wertung entzieht), trägt in der 'Courasche' den Sieg über die Habsucht davon ('die Beuth erfreuete mich bey weitem nicht so sehr / als das Schelmenstück', S. 107); die Lebhaftigkeit triumphiert über Alter und Hinfälligkeit: Nach 20 Jahren Zigeunerleben argumentiert und agiert die Courasche im 'Ratstübel' so beweglich wie zu Beginn, und sie ist so unsterblich wie Eulenspiegel (S. 621). Die Courasche stehe am Schluss als Verworfene ausserhalb der Gesellschaft da, ausgestossen und bestraft wie die grosse Hure Babylon nach Offb. 18,8. Das stimmt nur bedingt. Grimmelshausen hat in der Zigeunersippe eine reibungslos funktionierende, durch Fröhlichkeit und Lebenstüchtigkeit ausgezeichnete Gemeinschaft, fast wollte man sagen, eine Gesellschaftsutopie gesehen. Im 'Springinsfeld' wird vom Schreiber der Courasche, Philarchus, das selbstherrliche Leben, das die Zigeuner mit Essen, Trinken, Tanzen, Schlafen, Liebelei, Singen, Ringen, Fechten

Springen zubringen, geschildert. Bei ihnen herrscht ein heiteres Vertrauen in die
Welt. Wie in der Zigeuneridylle des Cervantes (Das Zigeunermädchen 45)) durch-
brechen die schlimmen Ereignisse den magischen Kreis der Unbekümmertheit und
Lebenslust nicht, zumindest werden sie ignoriert: 'Der Sonne wie dem Eis, dem
Mangel wie dem Ueberfluss bieten wir die gleicherweise heitre Stirn.' 46) Von
dieser romanischen Heiterkeit fällt ein Abglanz auf die Courasche und ihren Trupp,
der sich am Romanende wie Quecksilber zerteilt, in den Wald auflöst und sich im
'Springinsfeld' über den Rhein wegstiehlt, als hätte es ihn nie gegeben.

Ohne Uebertreibung lässt sich im Zigeunermotiv (als Verweis auf die nach-
folgende deutsche Dichtung, auch schon Johann Beers!) die latente Bereitschaft zu
Romantischem feststellen (Cervantes ist für Schlegel der Vorläufer einer 'romantischen Poesie' in Prosa). 47)

In der Wahl des Zigeunermotivs verrät sich zwar zunächst die (didaktische) Absicht Grimmelshausens, an den alltäglichen Erlebnis- und Problem-
kreis seiner Landsleute anzuknüpfen; denn das Zigeunerwesen bedeutete für die
Süddeutschen nicht bloss eine literarische Erfahrung. In den Jahren 1670 bis ca.
1700 wurde das oberrheinische Gebiet von Zigeunerhorden überschwemmt 48), die
das scharfe Edikt Ludwigs XIV. aus Frankreich vertrieben, das polizeiliche Va-
kuum im badisch-württembergischen Gebiet angelockt hatte. Die Zigeuner wurden
als Kerntrupp des vagabundierenden Gesindels betrachtet. Zeichen dafür ist die
damals fälschliche Identifikation von Zigeunersprache und Rotwelsch. Das Urteil
von Behörde und Volk über die Zigeuner war im Verlauf des 17. Jahrhunderts immer härter geworden (dazu lese man die 'Zwey nützlichen Tractätlein' des C. B.
L. M. V. R. von 1664); die Verfolgung wurde immer brutaler. Im Württember-
gischen wurden die Zigeuner 1621 für vogelfrei erklärt, um 1700 erliess man eine allgemeine Feuererlaubnis, um 1716 erteilte man die Lizenz zum Hängen ohne
jede Formalität. Dieser Fahrenden und Räuberbanden aus dem 30-jährigen Krieg
wurde man trotz schärfster Edikte nicht Herr. Es tauchten nun sogar weibliche
Gaunerkoryphäen auf wie die berüchtigte Anna Sophie Meyers, vulgo Falsette,
welche die erfahrensten Rechtsanwälte hintergangen haben soll, wie auch die Frau
von Sienen und Katharine Ilsabe Bunks, die 1673 als 'deutsche Prinzessin' zu
London gehenkt wurde.

Schon im Urteil über diese Gaunerkoryphäen scheint sich in Deutschland
allerdings leise Sympathie für dieses freiere antibürgerliche Milieu geregt zu haben. Im Anhang zum 'Schauplatz der Betrüger', erschienen bei Zacharias Herteln,
1687, wird eine 80 Seiten lange, launige Biographie der gerissenen Gaunerin Anna
Sophie Meyers gegeben. Und auch der Satiriker Moscherosch verurteilt und be-
wundert gleichzeitig die Findigkeit und Durchtriebenheit der Fahrenden, besonders
aber ihre Sprache. Die nur positive Auslegung des Zigeunerwesens jedoch ist meines Erachtens ausschliesslich aus dem spanischen Schelmenroman und der spanischen Schelmennovelle, von denen Grimmelshausen herkommt, abzuleiten. Im
zweiten Teil seines Romans verschlägt es Lazarillo de Tormes zu den Zigeunern,
deren Freundlichkeit, Lebensart und -klugheit er rühmt. Die red- und tanzselige
Picara Justina gleicht selbst einer bunten Zigeunerin. Das 'Zigeunermädchen' des
Cervantes enthält eine fast schon romantische Darstellung des ungebundenen zi-
geunerischen Lebens. Die Zigeuner werden wohl auch ihren angestammten Platz
in den zirkusartigen Festreigen höfisch-galanter Feste gehabt haben, da sie jeder-

zeit mit einem gewissen Pomp und Würde auftraten (vgl. das Zeugnis für ein Zigeunerballett im Lazarillo). Bemerkenswert: Für Ripa und Harsdörffer ist eine Zigeunerin - nach spanischem Muster? - Sinnbild für das heiter-besinnliche 'Freudenspiel' (Komödie), eine Zigeunerin, 'welche bunt bekleidet (war) / üm das Haubt habend einen Schleir von vielen Knöden / in der rechten Hand tragend eine Laute / in der linken eine Larve / an den Füssen habend nidrige Schuhe. ' (RK 508, S. 146) Hier ist die Zigeunerin eine ergötzliche und verwirrliche Sinnfigur (Knoten und Larve). Bei Grimmelshausen spielt die Zigeunerin Courasche im Schlusskapitel gleich selber eine Komödie: 'In dessen wir nun ausserhalb dem Dorff diese Comödi agierten / mausten unsere Weiber im Flecken nach Wunsch . . . '

Bis die Courasche bei den Zigeunern die ihr gemässe Lebensform fand, hat sie vieles zu erdulden. Die Reihe bitterer Erfahrungen bricht auch nach der Misshandlung, die ihr der sadistische Major zumutet, nicht ab, und das Schicksal zwingt sie noch 1644 nach einem langen, unruhigen Dasein mit einem halb schwachsinnigen Musketierer zusammenzuleben: 'Was wolte oder solte ich thun? Ich wolte lieber diesem eintzigen mit gutem Willen gönnen / als von der gantzen Parthey mit Gewalt zu dem jenigen gezwungen werden / was dieser aus Lieb suchte; In Summa / ich wurde eine Frau Mussquetirerin' (S. 136); sie trägt das Unabänderliche ohne Klage und mit tapferer Resignation: 'Was wolte oder solte ich thun?' - es tönt wie Beers fatalistisches: 'Wer in der Welt lebt / muss die weltliche Zustände ertragen', nur dass die Courasche gegen sich viel härter ist als Wolfgang. - Es hat Grimmelshausen gefallen, in dieser Vagabundin und Hure, über deren endgültige Verurteilung kaum ein Zweifel besteht, für die Würde und natürlichen Rechte der Frau einzutreten. Sie wird von ihren immer mittelmässigen Männern verspottet, bestohlen, geschlagen; ihre (allmählich herausgebildete) männliche Entschlossenheit ist unter diesem Aspekt nur ein Vorwurf an die Männer, welche die Verantwortung für ihre Frau nicht tragen oder aus Dummheit und Lauheit nicht wahrnehmen. Der Rittmeister, der Leutnant, der Musketierer sind schuld daran, wenn die Ehe zum Kampfplatz der Geschlechter wird. 49) - Auch kann in der 'Courasche' das Humane die Oberhand gewinnen, und dann löst sich die Verkrampfung unpsychologisch und gegen die Konzeption der Fabel auf. Courasche, die sich kein Gewissen daraus macht, in Offenburg auf ihrem Hof ein Bordell einzurichten, fleht die Geistlichen und Erzieher an: 'Darumb gehet hin zu solcher Jugend / deren Hertzen noch nicht / wie der Courage, mit andern Bildnissen befleckt / und lehret / ermahnet / bittet / ja beschweret sie / dass sie es aus Unbesonnenheit nimmermehr so weit soll kommen lassen / als die arme (!) Courage gethan. ' (S. 16) Für einen Augenblick identifiziert sich hier Grimmelshausen mit der Courasche.

2. Wir betrachten nun die Spielform der (theologischen) Hauptmotive der Simplicianischen Schriften in der 'Courasche':

Ein Generalthema des Barock und Leitmotiv im 'Simplicissimus' ist die Selbsterkenntnis. Das geistliche Vermächtnis des Einsiedlervaters ist ein Aufruf zum 'nosce te ipsum': 'Folge (. .) meinen letzten Worten / welche seynd / dass du dich je länger je mehr selbst erkennen sollest / ' (S. 35). In der wahren Selbsterkenntnis sind Gotteserkenntnis und Welterkenntnis eingeschlossen. Wolfgang Hildebrand stellt in seiner 'Magia naturalis' die Entsprechungen zwischen dem Mikrokosmos Mensch und seinen Gliedern (z.B. Leber, Galle, Herz) und dem

Makrokosmos (hier mit den Planeten Jupiter, Mars, Sonne) konkret zusammen.
Für Grimmelshausen ist Selbsterkenntnis, dort wo er als Dichter nicht solch her-
metischer astrologisch-zahlensymbolischer Theorie erliegt, schlicht Erkennen
und Deutung des zurückgelegten Weges. 50) Ohne die Verwicklung in die Welt könnte der Mensch seine Veränderlichkeit, Nichtigkeit, sein Wesen gar nicht fassen;
nur um zu sich selber zu kommen, seine Bestimmung zu erfahren, erleidet er die
Zeitlichkeit. In der 'Courasche' wird die Bestimmung des Menschen verfehlt. Aber
nicht, dass die Uebung der Selbsterkenntnis durch Selbstgefälligkeit, Genussucht
getrübt würde wie im 'Simplicissimus'; denn in der 'Courasche' wird die Linie der
pikaresken Ereignisse gar nie von der Vertikalen religiöser Grunderfahrung ge-
schnitten, und der Protagonistin wird gar nie die Möglichkeit zu religiöser Selbst-
einsicht geboten.

Ein Beispiel dafür, wie Grimmelshausen in der 'Courasche' zugunsten einer erneuten Geschlossenheit des pikaresken Romans auf die Verunsicherung und
Aufrüttelung des Lesers verzichtet, sehe ich in der Behandlung des Spiegelmotivs:

Im 'Vogelnest' I (S. 61) beobachtet der Vogelnestträger, wie eine Dame
'allerhand Affenspiel vor dem Spiegel (hatte) / sie neigte sich darvor / und sahe
wie ihr das Lachen anstunde; sie bisse die Lefftzen zusammen / formirte bald das
Maul auff andere Manieren wie Hanns Supp seinen Hut / und funckelte mit den
Augen / als wann sie ihr eigen Bildnus karessirt . . .' Plötzlich aber wird sie im
Spiegel des (sonst unsichtbaren) grausig lachenden Vogelnestträgers ansichtig,
den sie, zutode erschrocken, 'vor eine teufflische Erscheinung / so ihrer Hoffart
und Thorheit spotte', halten musste.

Nach Aegidius Albertinus (Hirnschleiffer, 1618, S. 86, 51)) ist der Spiegel
das Instrument des 'nosce te ipsum': 'Kan der Spiegel ein Rathgeber der Schönheit
genennet werden / dass er rathet den närrischen Weibern und Männern / wie sie
jhr angesicht zieren / anstreichen / schmucken (. .) sollen: Solches aber ist
nicht allein ein missbrauch / sonder ein Hoffart und Sünd / dann keiner andern
ursachen halben seind die Spiegel erdacht und erfunden worden / als damit der
Mensch sich selbst sehen unnd erkennen möchte. Ein schöner Mensch soll sich
im Spiegel beschawen / damit er sich vor Spott und schandt hüte: Ein hesslicher /
damit er seine mengel unnd gebrechen dess leibs durch die Tugent ersetze . . .'

Diesen Passus von der moralischen Funktion der gespiegelten menschlichen
Gestalt übernimmt Grimmelshausen in seinen 'Satyrischen Pilgram' (S. 71): 'Zu
der Schönheit gehört auch ein Spiegel / der dann ihr Rathgeber seyn solle; Nicht
dass er den närrischen Männern und Weibern zeige und rathe / wie sie ihr Angesicht / zieren / schmücken / anstreichen / schmincken / mahlen (. .) zierlich
lachen / liebreitzend seufftzen und anmütige feurige Plicke ausstheilen sollen /
sonder nach dem Rath des weissen Chilonis sich selbst darinnen zu erkennen; (. .)
. . . Hierzu nun will ich einem jeden den jenigen Spiegel verehret haben / den
ermeldter Chilon nosce te ipsum nennet / damit wann du dich euserlich schön be-
findest / dich befleissest solche Schönheit mit Lastern nicht zubesudlen / wann
du aber gleichwohl hesslich erschaffen / dich umb Weissheit und Tugenden be-
wirbest . . .'

In der 'Courasche' wird jedoch das Didaktisch-Allegorische und der ab-
grundtiefe Schreck, der sich für Grimmelshausen sonst mit dem Spiegelmotiv
verbindet, gemildert und überspielt. Und den moralischen Tatbestand eher ver-

hüllend, verweist er nun nur auf die allernächste Folge, die aus dem Tun der Courasche erwächst. (S. 30)

Und so durchaus und oft deutlicher.

Courasche höhnt: 'Und wann ich solches erfahre / so werde ich meines Alters vergessen/ und mich entweder wider jung / oder gar zu Stücken lachen!' (S. 14) Das moralische Ergänzungsstück liefern der 'Simplicissimus', 'Springinsfeld' und - im grössern Rahmen - die katholische Gegenreformation, am rigorosesten Rancé: 'Malheur à vous qui riez'! (Zit. bei Curtius, Europäische Literatur und lat. Mittelalter, S. 421) 'Simplicissimus' (S. 283): 'Ich fande auch / dass lachen eine Kranckheit ist / (. .) so sagen auch noch auff den heutigen Tag unsere Weiber / sie möchten sich zu todt lachen! Man sagt / es habe seinen Ursprung von der Leber / aber ich glaube ehnder / es komme aus übriger Thorheit her / sintemal viel lachen kein Anzeichen eines vernünfftigen Manns ist. '

'Springinsfeld' (S. 19): 'dass auff die Sünde der Lachenden ein ewiges Heulen und Wehklagen folgen wird. '

Der zweite grosse geistliche Themenkomplex der Simplicianischen Schriften entwickelt sich aus der Frage nach dem Wesen und der Beschaffenheit der Welt. Welterkenntnis ist im 'Simplicissimus' Einsicht in die Unbeständigkeit aller irdischen Dinge. 52) 'Nichts beständigers (ist) in der Welt / als die Unbeständigkeit selbsten' (S. 224); in der Weltabsage des Simplicius (aus Guevara) emphatisch und in dreimaliger Wiederholung: 'Adjeu Welt / (. .) in deinem Haus (fällt) das aller-beständigste - Adjeu Welt / dann bey dir ist nichts beständiges - Behüt dich Gott Welt / (. .) das Leben so du uns gibst / ist eine elende Pilgerfahrt / ein unbeständigs / ungewisses / hartes (. .) Leben' (S. 460). - In der 'Courasche' ist diesem Thema eine ganz andere Betonung gegeben. Mit Mutwillen, nicht mit dem metaphysischen Schreck des Simplicissimus, blickt die Zigeunerin auf das Auf und Ab in ihrem Leben: 'Ich muste offt selbst meiner lachen / und mich über meine vielfältige Veränderung verwundern' (S. 141). Das Thema der Unbeständigkeit läuft gewissermassen in die Gegenrichtung, da die Selbsthelfergestalt Courasche Fortuna zwingt und sich sogar das abgeschlossene Schicksal ihres vergangenen Lebens im Rachezug gegen Simplicissimus dienstbar zu machen versteht. Man könnte darin in (unbewusster) Anlehnung an das mittelalterliche Wertsystem zwîvel, unstaete als willentliches Beharren auf dem Bösen ausgedrückt finden. Aber dann passt wieder der Spielcharakter und das schelmische Auskosten der überlegenen Erzählerposition nicht in den Rahmen, klar aus beinahe jedem Wort an Simplicius herauszuhören: 'aber Simplice, jetzt ists an dem / dass ich dir auch sage / mit was vor einer Laugen ich dir gezwaget; Will derowegen jetzt nicht mehr mit dir / sondern mit dem Leser reden; du magst aber wohl auch zuhören / und wann du vermeinest / dass ich lüge / mir ohngehindert in die Rede fallen. ' (S. 127)

Die Unbeständigkeit des Lebens im Krieg wird in der 'Courasche' nicht so negativ erfahren wie im 'Simplicissimus' und im 'Vogelnest' (II): 'Damahl sahe ich', sagt die Courasche, 'dass weder die grosse und gewaltige Städte noch ihre Wähl / Thürn / Mauren / und Gräben / mich und das Meinige vor der Kriegs-Macht der jenigen die nur im freyen Feld / in Hütten und Zelten logiren / und von einem Ort zum andern schweiffen / beschützen könte; derowegen trachtet ich dahin / wie ich mich wiederum einem solchen Kriegsheer beyfügen möchte. ' (S. 124)

Im 'Vogelnest' weitet sich derselbe Gedanke von der Unsicherheit der befestigten Städte und dem ungewissen Schicksal der Zivilbevölkerung zu einem apokalyptischen Schreckensbild des Krieges: 'Da sahe ich / wie hingegen sich der grossen Herren Cassa leerten / die Cammer-gefäll aussblieben / und die Schätze aussflogen / wie die Kauffleut erarmten und banquerottirten / die Handwercks-Leut das Miserere sangen / und am Hunger-Tuch nagten / und die Bauren auff dem letzten Loch pfieffen / da war kein Hauss das nicht heulete (Allusion auf Matth. 24, 30!) / kein Geschlecht das nicht Leyd trug / kein Gasse die nicht jammerte / keine Statt die nicht wehklagte / und kein Dorff / so das Elend nicht truckte / da sahe man nirgends nichts Lustigs als unter den Soldaten / und sonst niemand einige Freud haben als die Kriegs-Leut / bey den übrigen allen / was nicht mit kriegte / war lauter Seufftzen / Trauren und Weynen / solches alles verdoppelte meine Begierd noch mehrers / ein Soldat zu werden. Unser Spectacul endigt' sich / als wir sahen / wie die Dörffer hin und wider im Lande aussgeplündert und verbrennet / die Vestungen / Schlösser und Stätte bloquirt, belägert / bestürmt / eingenommen / beraubt oder gebrandschatzt / und die Inwohner gepresst oder gar verjagt wurden' (S. 285; der Erzähler wohnt einer okkulten Sitzung bei). Der Unterschied ist evident. Man könnte sagen, aus den Situationen und Schauplätzen, welche die 'Courasche' mit den übrigen Simplicianischen Schriften gemeinsam hat, ergebe sich der Anschluss an deren wesentliche geistige Themen zwangsläufig; die eruptive Diktion werde dann mit dem Thema übernommen (- in der Substantivhäufung: Wähl / Thürn / mauren und Gräben -); aber während sonst in den Simplicianischen Schriften der Dichter unüberhörbar mit seiner Mahnung 'der Wahn betreügt' einfällt, zieht er in der 'Courasche' nur die praktischen und nächstliegenden Schlüsse (- Im 'Vogelnest': '. . . dann als es an dem war / dass man auch sehen solte auf wie mancherley Arten seltzamer, urplötzlicher und grausamer Tödt die Soldaten umbkommen / nemlich im Wasser / durchs Feuer / in der Erd und im Lufft / siehe / da verschwand alles . . .' - In der 'Courasche': '. . . derowegen trachtet ich dahin / wie ich mich wiederum einem solchen Kriegsheer beyfügen möchte'). - Wie das bedeutungsvollste geistliche Thema des 'Vogelnests', die Allgegenwart Gottes, in der 'Courasche' schwankhaft entschwert wird, dafür ist die Offenburger Ehebruchgeschichte ein Beispiel. 'Courasche' (S. 132): '. . . wir (konten) auch nirgends so sicher als in diesem Garten zusammen kommen / als da das grüne Laub und die verdeckte Gäng / unserer Meinung nach vor dem Menschen aber nicht vor den Augen Gottes unsere Schand und Laster bedeckten.' In einer Wendung zu reiner Schwankhaftigkeit stecken aber als Zuschauer zwei Musketierer im grünen Laub, die durch das Verschütten der Birnen das 'Erdbeben' erregen, das die Courasche als Gottesgericht auffasst. 53) So ist Grimmelshausen immer im Begriff, vom pessimistischen Ernst der späten Simplicianischen Schriften zu einer scherzhaft-unverantwortlichen Auffassung in der 'Courasche' überzulenken.

Ein anderes durchgehendes Thema der Simplicianischen Schriften ist der Müssiggang, welcher der christlichen Initiation des Simplicissimus am meisten entgegenwirkt. In der 'Courasche' fehlt das Thema. Und auch über den Sinn der Zeitlichkeit als Bewährungsprobe, als 'Probierstein Gottes', verlautet nichts. Im 'Simplicissimus' belehren die Sylphen den unbekümmerten Naturforscher über das transitorische Erdenleben, doch ist ihre Aussage vorerst nur für den Leser bestimmt, der verwegene und gottlose Simplicissimus zieht aus dieser Begegnung keinerlei Nutzen. Weshalb erfindet Grimmelshausen in der 'Courasche' als Anhaltspunkt für den Leser keine ähnlich fruchtbare Romansituation? Denn die abgeschriebene 'Zugab' ist bereits eine Interpretation des Romans; mit ihrer elliptischen Satz- und Gedankenstruktur 54) hat sie nicht die Kraft, den 140-seitigen Schelmenroman für das moralische Anliegen durchsichtig zu machen. (Wenn das wirklich Grimmelshausens Absicht gewesen sein sollte, so kann man nur sagen, dass er sich hier wie andernorts über die Bedeutung der eigenen stilistischen Massnahmen nicht im klaren war - so glaubte er den gewaltigen Schluss im 5. Buch des 'Simplicissimus' mit der dunkel lodernden Weltabsage des Guevara durch den schlichten Satz: 'ob ich aber wie mein Vater seel . . .' zu relativieren, die doch als unauslöschlicher Eindruck haften bleiben muss.)

Die Gegenstände, Motive, welche die 'Courasche' mit den Simpliciana wirklich gemeinsam hat, sind mehr anekdotischer Natur. Vor allem liessen sich minutiöse Vergleiche mit dem Soester und Lippstädter Jägerleben im 'Simplicissimus' ziehen. Man fragte sich schon, warum Grimmelshausen in der 'Courasche' nicht an diese frühere Lebensepoche des Simplicissimus anknüpfte? Dafür liefert nun Feldges seine Erklärung, wonach erst der gealterte Simplicissimus im Adieu Welt die Courasche und alte Vettel Welt tödlich beleidigte. Zusätzlich mag der Anknüpfungspunkt auch mit der Entstehungsgeschichte erklärt werden; es wäre ja schon möglich, dass der Dichter im Sauerbrunnen eine Dame angetroffen hätte, die ihn zu seiner 'Courasche' anregte; der Gewinn, den Grimmelshausen aus dieser Anordnung zieht, ist, dass die Courasche ein grösseres Format bekam, wenn sie die Partnerin des sehr erfahrenen Simplicissimus wurde, der in seinem Leben die vielen Rollen vom Hofnarr bis zum Pilger gespielt hatte, als wenn sie sich mit dem grünen Jäger von Soest zusammengefunden hätte. Der Anknüpfungspunkt im 'Simplicissimus' ist ja auch für den Springinsfeld bedeutsam, der sein Leben lang der Soldat und Schelm der Soester Zeit bleibt. 55)

Ein letzter Gedanke sei noch an diese Auseinandersetzung mit Streller, Hachgenei, Feldges u. a. geknüpft. Grimmelshausen (als Philarchus) stellte selber fest, 'dass (der 'Simplicissimus') mehr gebraucht werde / an statt des Eylnspiegels die Zeit dardurch zuverderben / als etwas guts daraus zulernen.' (S. 22) Wenn nun schon im 'Simplicissimus' die Beziehungen zwischen dem selbstvergessenen Jäger, Landstörzer, Abenteurer und dem Einsiedler, für den Guevara spricht, oft sehr locker sind, so müsste es theoretisch wenig verwundern, wenn sich Grimmelshausen in der auf irdische Genüsse reduzierten Picara die Grenzen zwischen christlich verantwortetem Leben und wunschlosem Dasein in der Welt verwischten.

3. Weiteren Aufschluss über die (nicht eingestandene) Intention erwarten wir vom Romanschluss. Wenn auch für Grimmelshausen die Bemerkung Jean Pauls aus der Vorschule der Aesthetik 56) nicht gilt, 'zwei Kapitel müssten füreinander und zuerst gemacht werden, erstlich das letzte und dann das erste', so tendiert doch Grimmelshausen im Romanschluss in eine für uns bedeutsame Richtung: In ihm überspringt er die chaotisch erlebte Realität meist um mehrere Stufen und legt in einer Utopie letzte Tendenzen des Romans bloss. Die folgende Analyse der Romanschlüsse möchte die Ansicht von der 'Courasche' als Sonderfall und (teilweise) unreflektierter Schelmengeschichte durch ein weiteres Argu-

ment stützen.

b) Exkurs: Der Romanschluss bei Grimmelshausen

Jede poetische Gattung hat ihre weltanschauliche Korrespondenz. Das Epos, das Nibelungenlied in den heroischen Teilen zum Beispiel, ist ein unreflektierter Ausdruck einer ganz bestimmten (ideellen) Art, zu leben. Der Held fühlt sich überall in der heroischen Welt bestätigt, eingebettet; genauer: Er muss sich in ihr, in jedem Augenblick seine ganze Existenz aufs Spiel setzend, behaupten - er kann gewinnen oder verlieren, von einem Versagen seiner Lebensweise im Untergang wird die intakte heroische Welt nicht berührt.

Im Roman dagegen ist diese Ordnung brüchig geworden. Er enthält nicht die beschreibende Darstellung einer a priori gesicherten Welt, die anders gar nicht gedacht werden kann, sondern er ist immer ein Experiment mit ungewissem Ausgang, dem Abenteuer geöffnet. Der Austrag von Idee und Welt, Sollen und Sein ist in ihn hineingenommen: 'Die Kunst ist, im Verhältnis zum Leben, immer ein Trotzdem. Das Formschaffen ist die tiefste Bestätigung des Daseins der Dissonanz, die zu denken ist. Aber in jeder andern Form, auch im Epos, ist diese Bejahung etwas der Form vorangehendes, während sie für den Roman die Form selbst ist.' (Lukacs, S. 64) - In den tiefsten Romanen, im 'Parzival', im 'Don Quijote' und 'Simplicissimus' ist diese Dissonanz in den Helden hinein verlegt, seine Identität mit der Umgebung ist auseinandergebrochen. Ihre Romane leben von der Spannung, die besteht zwischen der Sehnsucht des Helden, 'seinem Zustreben auf utopische Vollendung' (Lukacs, S. 52) und seinem Ungenügen (als Verblendung durch eine unzureichende Ideologie oder als Hingabe an die niedrige Tatsächlichkeit). - In der 'Courasche' ist diese Dynamik hinausgeschoben auf die Auseinandersetzung der Heldin mit Simplicissimus / Grimmelshausen (und dem Leser) und nur noch greifbar in der über den Roman hinausweisenden Frage, ob denn die 'Courasche' moralisch abstossend oder als Weltkind anziehend sei? - Solang solche Spannung besteht, lebt der Roman. Deshalb kann Lukacs sagen, letzte Wirklichkeit im Roman sei das Unabgeschlossene (S. 122). Als letzte Elemente in der Struktur des Romans nennt Forster: 'Nicht Vollendung. Nicht Abrunden, sondern Sich-auftun. 57) Daraus ergibt sich, dass der Schluss das Problem dieser Gattung darstellt.

Grundsätzlich gibt es zwei Möglichkeiten, einen Roman enden zu lassen:
1. Der Roman bekommt keinen eigentlichen Schluss. Er wird zum Beispiel mit dem Tod des Helden nur äusserlich abgeschlossen. So das 'Glasperlenspiel', der 'Stechlin' u.a. Oder der Dichter lässt ihn einfach auslaufen: Musil möchte am Ende des zweiten Teils des 'Manns ohne Eigenschaften' am liebsten 'am Ende einer Seite mitten in einem Satz mit einem Komma aufhören'. Diese grundsätzliche Unabschliessbarkeit, begründet im Experimentiercharakter des Romans, gilt für den ganzen Roman Musils und ist an vielen Romanen zu beobachten.
2. Aufhebung des Romans an seinem Schluss wie im 'Parzival', im 'Simplicissimus', in 'Proximus und Lympida' und in der 'Courasche'. - Für den 'Simplicissimus' schrieb Grimmelshausen sogar einen zweiten Schluss im 6. Buch, nachdem es ihm im ersten nicht gelungen war, die Spannungen des Romans in einen glücklichen Zustand aufzulösen und die Prämissen, den Charakter des Helden, seine Erfahrungen, Welt, Natur und christliche Tendenz zum Zusammen-

klingen zu bringen. - Für Grimmelshausen bedeutet der Schluss eine Aufforderung, die Problematik des Romans in einem dichterischen Bild, das sich bis zur mystischen Ueberschau steigern kann, so konzentriert und rein wie nie vorher zu fassen. Dieser Vorgang soll am 'Simplicissimus', am 'Proximus' und an der 'Courasche' (und am 'Vogelnest', 'Springinsfeld') beschrieben werden.

Erster Schauplatz im sechsten Buch des 'Simplicissimus' ist die Einsiedelei auf dem Mooskopf, der gleiche Schauplatz wie im fünften Buch, zeitlich und räumlich bestimmt. Simplicius taucht nun noch einmal in der Welt unter. Künste, Welthändel, Aberglaube entsprechen als retardierendes Moment ungefähr den Schilderungen der Moskauerreise. Dritter Schauplatz ist der irreale Raum der (vorerst) namenlosen Insel mit ihrer phantastisch-innerlichen Landschaft mit labyrinthischen Höhlen, herumschwebenden Lichtern, berauschenden Früchten, seltsamen Vögeln und überall aufgerichteten christlichen Mahnmalen (Joan Cornelisson in der Höhle: 'Es sahe alles mehr einem Traum: als einer wahren Geschichte (. .) gleich. ' S. 580). Von ferne erinnert die Höhle an die Sylphenstrasse, sie deutet die Einsicht des Einsiedlers in die Natur, sein Wissen um ihre Gesetze an. Das, was an Welterlebnis gezeigt werden kann, hat der 'Simplicissimus Teutsch' gezeigt. Schon am Ende des fünften Buchs finde ich einerseits eine Uebersteigerung in der Moskauerreise, andrerseits eine Ueberschau im Mummelseeabenteuer. Aber die dort satirisch entwickelte Gesellschaftsutopie wie auch die des Jupiter und des Simplicissimus Entwurf einer christlichen Gemeinschaft nach dem Modell der ungarischen Wiedertäufer, greifen nicht in die eigentliche Handlung des Romans ein, werden nicht Geschehen im Raum und bleiben auf den engen Platz im Gehirn belächelter Menschen beschränkt. Erst in der Insel Mauritius findet Grimmelshausen den Raum, um seine Utopie des christlichen Lebens zu entwickeln und Simplicissimus zur immer schon angestrebten geistig-religiösen Existenz zu bringen, ohne ihn der Natur und den Mitmenschen, dem Wirklichkeitsanspruch zu entfremden (- diesem ist in der Beschäftigung des (aufgeklärten) Robinson-Einsiedlers mit Nahrungssuche, Salzgewinnung, Töpferei, Kleidernähen usw. Genüge getan). Die Härte und Ungerechtigkeit der früheren Moralisationen weichen einer versöhnlicheren und höheren Gestimmtheit des religiösen Gefühls; die Selbsterkenntnis wandelt sich. Der Einsiedler auf dem Mooskopf schied wie im Trotz aus dem Leben. Seine Absage war hitzig und extrem: Das Leben ist kein Leben gewesen, sondern ein Tod, die Tage ein schwerer Schatten, die Jahre ein schwerer Traum. Das 'nosce-te-ipsum' war so nur Erkenntnis der eigenen Machtlosigkeit und schloss in dieser Einseitigkeit (den Blick rückwärts auf die verlorene Zeit gewandt) ein Erkennen Gottes, eines neuen Lichts aus. Dagegen nun die letzten Betrachtungen des Simplicissimus auf der Insel: Sie sind durch die neue Erfahrung der göttlichen Gnade viel versöhnlicher, das Leben und der horror des Lebens bewegen nicht ausschliesslich sein Gemüt; damit ist auch die Vertikale getroffen. Sein Blick ist nach oben gerichtet: '(Ich) sagte mit aussgestreckten Armen und erhobenem Hertzen ach! ach! du allergütigster himmlischer Vatter / ' (S. 557); was wir von Simplicissimus erfahren, ist keine veränderte Gesinnung wie schon so oft, sondern eine Wandlung im Glauben. - Im Guevarazitat am Schluss des fünften Buches triumphiert die christliche Moral, in das barocke Pathos der rhetorisch sich auftürmenden Weltabsage verkleidet, über das Tatsächliche, sie wird ohne Rücksicht auf Veranlagung, Charakter und Lebensumstände des Menschen apodiktisch, humorlos durchgesetzt. Es ist damit eine Lösung des Romanproblems, welches ist, die christliche Lehre mit der Welt- und Schicksalserfahrung des barocken Menschen in Einklang zu bringen, gegeben, aber eine gewaltsame. Grimmelshausen befreit sich als wirklicher Romandichter sogleich aus dieser Zwangslage und fällt, wie probeweise, in dem berüchtigten Zweifelssatz: 'ob ich aber wie mein Vatter seel. (. .) darin verharren werde / stehet dahin' mit seinem Humor wieder ein, der immer ein Indiz eines ungelösten Rests ist. - In der Robinsonade ist der Humor auch absent. Aber nun nicht, weil die Welt von der Christlichkeit gleichsam verdrängt und übertönt ist, sondern weil die Spannung zwischen Tendenz (Christlichkeit) und Wirklichkeit (Immanenz der empirischen Welterfahrung) aufgelöst ist. Damit wurde der Humor gegenstandslos, denn Humor und Ironie bedingen einen Abstand zwischen Sein und Wollen. Im Einsiedlerleben auf Mauritius gehen sie ineinander über; es ist der schwebend träumerische (mystische) Zustand des Menschen in der ersten Zeit: 'Also lebten wir / wie obgemeldet / als die ersten Menschen in der güldenen Zeit' (S. 564). Die Robinsonade bedeutet die Selbstaufhebung des Romans an seinem Schluss. -

Auch 'Proximus und Lympida' haben gewissermassen einen doppelten Schluss. Mit der Heirat dieses Paares ist die Auflösung der Liebesgeschichte und der christlichen Parabel, deren Thema die Bewahrung des vertrauensvoll Gläubigen in einer wirren Welt ist (Missgeburten, Sturmwind, Aschenregen), vollkommen; Proximus ist belohnt für seinen kindlichen Gehorsam und die gläubige Demut, für die Tapferkeit, mit der er Myrologus das Leben rettete; als thessalischer Fürst nimmt er die seinem Adel gemässe Stellung ein, ohne jedoch zu nahe mit dem intriganten Hof Konstantinopels verbunden zu sein; er lebt glücklich und beneidet mit seiner geliebten Lympida. Auch die kunstvoll gefügten Nebenhandlungen des Modestus, Basilias und des Orontäus, sind zu Ende geführt. Damit müsste es mit dem Roman nach den herrschenden Gattungsgesetzen sein Bewenden haben. Aber auch hier wie im 'Simplicissimus' sucht Grimmelshausen nach einem auflösenden Schluss, worin gläubiges Leben und Politisches korrespondieren. Nun hat er in der Prophezeiung des Modestus (nachträglich?) ein loses Ende verwahrt, an dem er die Erzählung über ihre (ursprüngliche) Länge hinaus weiterspinnen konnte, bis Proximus zu dem sagenhaften Wasservolk fand: 'Haben also der edel Proximus und seine unvergleichliche Lympida an diesem Ordt eine ihrem Sinn und Humor nach / allerbequemste Statt gefunden / alwo sie geruewiglich beydes Gott und den Menschen: den Armen privat Persohnen und dem gemeinen Wessen dienen konden / wo sie weder mit Regierung über andere sich bemühen dörffen noch mit underthänigen Diensten einem tyranischen Gewalt zugehorsammen gezwungen waren / daselbsten pflantzt diss gottseelige paar die Nachkömlinge seines Geblüts / umb aldorten der verheissenen göttlichen Gnaden und Wolthaten biss ins tausende Glidt zugeniessen . . .' (S. 142). - Als Proximus noch in Konstantinopel lebte, hegte er die vergebliche Hoffnung, mit dem Kaiser gegen Mahomet für den Christenglauben fechten zu können; Heraklius war zu träg dazu. Proximus war schon als Kind, dann als thessalischer Fürst wegen seines Reichtums und seiner Prosperität dem Kaiser verhasst, der um seinen Thron bangte. In Venedig hingegen wird er ohne Argwohn in die politisch-religiöse Gemeinschaft aufgenommen, für die er mit Stiftungen für die Kirche und überhaupt für alle Bedürfnisse des christlichen Gemeinwesens sorgt. Früher musste er sich sagen: '(dass man) sich auff diser ellenden Welt keiner wahren und beständigen Glückseeligkeit nimmermehr zugetrösten (hätte)' (S. 28), jetzt empfindet sein Geschlecht beständig und bis ins tausendste Glied die göttliche Gnade. Die Inselstadt Venedig ist zur Gesellschaftsutopie gesteigert und am Ende noch höher zur religiösen Utopie der himmlischen Feste Jerusalem.

(Im 'Springinsfeld' und 'Vogelnest' (I) entwirft Grimmelshausen am Schluss kein Bild, das wie im 'Simplicissimus' den Roman in einem höhern Licht zurückwirft; und trotzdem macht er den Schluss mit der vielschichtigen Allegorie im 'Vogelnest' und mit dem Winterbild im 'Springinsfeld' zu einem Kulminationspunkt des Romans. - Zu den beiden Bädern Michaels in der Mistlache und im klaren Wasser (S. 133) meint Streller, das erste bezeichne das Sündenbad in der Welt, das zweite die Reinigung durch Taufe, Reue, Busse. Aber die Bezüge sind ziemlich verwischt, weil das erste Bad Michael arztet und wohl rettet. Hingegen darf man vielleicht in dem von Wölfen umlagerten Schlangenbaum ein Gleichnis für die absolute Bedrängnis des Menschen durch teuflische Geister und die bösen Kräfte in der Welt sehen; der Ort der Bedrohung des Menschen ist schon für Rudolf von Ems (im Barlaam) die Schlangengrube. Die Verwandlung der Schlangen in Geldwürste könnte das Ausmünzen der Erfahrungen mit dem Vogelnest im guten Sinn bedeuten; das hiesse im Kontext des Romans: Einsicht in die Allgegenwart Gottes und in die Verantwortlichkeit des Menschen für sein Tun. - Auch im 'Springinsfeld' ist, nur verdeckter, eine solche dichterische Deutung der Romansituation gegeben, wenn der alte Hühnerdieb und Landstörzer die Geschichte seines letztlich unwesentlichen Lebens in den trüben Morgen hinein erzählt, und Grimmelshausen die Ergebnislosigkeit im emblematisch anmutenden Bild der von Hoch- und Eiswasser abgebrochenen Rheinbrücke evoziert.)

Der Schelmenroman 'Courasche' nun löst sich an seinem Ende in ein Spiel auf, in welchem die Landstörtzerin die Spielregeln bestimmt: 'Also will ich noch zu guter letz oder zum Valete ein Stücklein erzehlen / und darauf setzen lassen / welches mir erst neulich eingefallen / und alsobalden probirt und practicirt hat werden müssen . . .' (S. 144). Die todernsten Seiten des Lebens, Exekution, Witwenschaft, Waisentum, die menschlichen Fehlleistungen wie Krieg und Parteiung der Geschlechter, Hass, verwandeln sich unter Courasches Regie in einen heiteren Betrug, in den Unernst eines Schwanks: Der Hühnerdieb wird nicht aufgeknüpft werden, die nur zum Scherz adoptierten Kinder werden nicht zu Waisen, und die Partei der Zigeunerfrauen, die während der fingierten Aburteilung das menschenleere Dorf ausräumt, versteht sich trotz ihrer (gespielten) Intervention nur zu gut mit den Männern im Plan, die Beute in Sicherheit zu bringen. Löst man nun die Abbreviation des Schlusses - er ist zugleich der beste Schwank, den Grimmelshausen je schrieb - nach dem 'Springinsfeld' auf, dann wird man die Anziehungskraft, welche die Zigeuner, Schützlinge Merkurs, auf den Dichter ausüben, nicht verkennen und zugeben, dass die Zigeunersippe auf ihre Weise in die Reihe der Grimmelshausenschen Gesellschaftsutopien gehört. Ihre kosmopolitisch-pikareske Existenz ist a u c h eine (wenn auch neben der theologischen nicht gleichberechtigte) Aeusserungsform der Lebensweisheit. Es ist menschenwürdig, es mit dem Leben so leicht zu nehmen wie die Zigeuner. - Und da die Zigeunerkönigin Courasche die Seele des (utopischen) Gesellschaftsmodells darstellt, das - genauso wie Monopodios und Zuckerbastels Zunft - herausgehoben und zusammengehalten wird durch eine besondere Sprache (S. 147), fällt alles auf sie zurück. Aus dem Schlussbild der Zigeuner, die unter dem Befehl der Courasche das Dorf ausrauben und sich schiessend mit dem Echo in den Wald hinein verlieren, geht die Courasche für alle Zeiten als Siegerin hervor. - Im Zigeunerleben der Courasche sind die Stilmerkmale eines auflösenden Schlusses erfüllt, man darf sich nur nicht durch den verbreiteten Topos täuschen lassen, der die Schlussepisode mit dem zufällig übrigen 'weiss Blat Papier' erklärt, 58) und auch nicht durch die (entlehnte) Zugab. Man hat folgende Tatsachen: Die Intentionslinie, Rache an Simplicissimus zu nehmen, sinkt ab; die Zeitstruktur wird locker ('einsmals'), die Ortsbestimmung vage ('Lothringisches Gebiet'); die erotische Spannung lässt nach. Es scheint mir eine Verkennung der stilistischen Relevanz des Schlussbildes, in dem der Pessimismus und Moralismus Grimmelshausens aufgegeben und der Roman in der verschlungenen Spielfigur des Schwanks wunderbar aufgelöst ist, wenn Hachgenei sagt: 'Wenn sich schliesslich Courasche auch ganz der Sünde ausliefert, und damit den Kampf aufgibt, so bedeutet dies nicht eine Verherrlichung des Menschen in der Sünde, sondern zeigt im Gegensatz zum Verhalten des Simplicissimus, der immer wieder im Irren nach dem Richtigen fragt, die entgegengesetzte Möglichkeit menschlichen Verhaltens. ' (S. 122)

Es ist legitim, zu Werken, die wie die 'Courasche' heute wieder neu und auch in populären Ausgaben aufgelegt werden (dtv 1962), die Belastungen durch das Vorurteil ('Grimmelshausen ist ein Moralist') vorerst preiszugeben. 'Courasche' tritt dann aus den inhaltlichen Positionen, aus dem barocken Spannungsfeld zwischen christlich gut und christlich verwerflich heraus und dominiert ganz einfach als starke, pralle Gaunerfigur, die Philarchus-Grimmelshausen nach eigener Aussage allezeit gestalthaft gegenwärtig ist. Dass der Dichter - ihm sicher unbewusst - in dieser unorthodoxen Richtung gestaltet hat, geht aus einem Vergleich mit dem heruntergekommenen Springinsfeld hervor, der als lebendiges Bild von Kriegsgewinn und Kriegsverlust mit einem Stelzbein elend einhergeht (Courasche reitend!): Er ist böse, aufbrausend, und die ordinäre Soldatensprache, die ihm Simplicissimus verweist, Zeichen seines stagnierenden Geistes; Courasche aber hat Lebensart! Philarchus: 'Sie redete gar nicht zigeunerisch / sonder brauchte eine solche Manier / die ihren klugen Verstand: und dann auch dieses genugsam zu verstehen gab / dass sie auch bey Leuthen gewesen und sich mit wunderbarer Verwandelung der Glücksfäll weit und breit in der Welt umgesehen; und viel darinn erfahren und gelernet hätte. ' (S. 31) -

Die Romanschlüsse Grimmelshausens, Quintessenz so verschiedener Werke wie 'Simplicissimus', Proximus' und 'Courasche' weisen eine Anzahl von Parallelen auf; im 'Simplicissimus' und 'Proximus' treffen sie sich in der Idee der Friedensinsel, die verändert als 'Waldinsel' (des Oberrheins), wo freiheitstrunken, erlöst von jeglichem Kriegs- und Schicksalszwang die Zigeuner hausen, in die 'Courasche' einging. - Mit der grossen Friedenssehnsucht Grimmelshausens hängen die immer erneuten Ansätze zu Gesellschaftsutopien zusammen. Der Weltfriede Jupiters, die satirische Weltbeschreibung, mit der Simplicissimus die Sylphen hinters Licht führt, das ideale Leben der ungarischen Wiedertäufer sind solche wehmütig belächelten Utopien; denn Grimmelshausen ist sich der Schwierigkeiten bewusst, sie in den Gegebenheiten dieser Welt zu realisieren: Knan holt

den spintisierenden Simplicissimus in die Wirklichkeit zurück: 'Mein Knan prophe-
ceyte mir stracks / dass ich wol nimmermehr solche Bursch zusammen bringen
würde.' Umso stärker wirken die drei Romanschlüsse, wo - im 'Simplicissimus'
und 'Proximus' - eine religiöse Gesellschaftsutopie durch gnadenhaft göttliche
Einwirkung tatsächliches Ereignis wird oder - in der 'Courasche' - das unver-
bindliche, aber von humanen, zum Teil auch humoristischen Zügen (Schlaraffen-
leben) geprägte Modell einer zugleich ungebundenen und disziplinierten Gesellschaft vorgelebt wird, in der sich Existenzkampf und Spiel die Waage halten. -
In alle drei Schlüsse sind Paradiesesvorstellungen verwoben: Im 'Simplicissimus'
die des ersten Paradieses, wo dem Robinson-Einsiedler gleichzeitig die Chance
des Neubeginns der Kultur vom Nullpunkt aus gegeben wird; im 'Proximus' des
himmlischen Paradieses; in der 'Courasche', als Sonderfall, des irdischen Paradieses. Den Zigeunern ist es ihrer Natur nach gegeben, sich glücklich auf der
Woge des Schicksals zu halten. - Für Grimmelshausens vermittelndes Denken,
das typische Denken eines Erzählers, der nicht an die Wahrheit im Extrem glaubt,
der die Positionen durch Ironie transzendiert, war immer wieder überraschend
ein Ausbrechen aus den einmal gefundenen Schluss-Sinnbildern möglich; trotzdem brachte er in ihnen Wesentliches vom Sinngehalt der Romane zum Ausdruck.

3. EXPRESSIONISMUS

a) 'Courasche' als Groteske

Das optimistische Schelmenbild ist jedoch nicht das allein herrschende.
Vielmehr wird nun die Courasche mit dämonisch-grotesken Zügen ausgestattet.
Was auffällt, ist die relative Spannweite gerade auch dieses scheinbar einsinni-
gen Charakters! Auch in der 'Courasche' arbeitet Grimmelshausen mit Antino-
mien: So stehen sich gegenüber: Picara und Hexe, Mensch und Monstrum, Realismus und Groteske, Weltbejahung und -verfremdung. Dabei erfährt der Schelmenroman - mit seinen Hyperbeln, mit seiner Auftürmung der Topoi und seiner verzerrten Erzählperspektive von exuberanter Bildhaftigkeit - eine Steigerung in
Richtung des Unheimlichen. Die Titelheldin wächst ins Riesenhafte: Sie wird mit
einer Amazone (S. 46), mit Penthesilea verglichen (S. 66), da sie heroisch
kämpfend ihre Beute und im Rittmeister den spätern Liebhaber aus der Schlacht
herausholt; sie strebt über die Grenzen ihres Geschlechts hinaus und möchte sich
als Hermaphrodit ausgeben (S. 46). (In dieser Sinnfigur wiederum mag sich
eine allegorische Verbindung zu Dionysos ankündigen, vgl. Hocke S. 214). Uebersteigerung sucht Grimmelshausen mit allen Mitteln zu erreichen: Courasches
Schönheit ist von magischer Wirkung wie der Gesang der Sirenen (S. 148); dem
benommenen Springinsfeld erscheint sie 'mehr eine Göttin als eine irdische Crea-
tur' (S. 81), als Venus selber (S. 75), so dass er sie kaum anzusprechen wagt;
sie ist liebessüchtig und fühllos in einem wie Circe (S. 129) und in ihrer Sexualität Nymphomanin; ihr Schachern ist verächtliches Judenwerk, ihr Weltgenuss un-
ersättlicher Welthunger; die Augen der erzürnten Courasche blicken mit einem
Medusenblick: 'Sihe / so sasse ich dort zu protzen / als wann ich mit den plitzen-
den Strahlen meiner zornigen Augen alles hätte töden wollen / ' (S. 90); ihre
Männer fallen durch Zauberei hin, wie das Gerücht sagt; sie wird eine Hexe (S. 46),

Strahl-Hex (S. 47), Blut-Hex (S. 61), eine Menschenfischerin wie der Teufel gescholten; sie ist wie die Frau Welt mit Giftschlangen behangen (S. 119) - andererseits hält sie ihr vierter Mann, 'wo nicht gar vor einen halben Engel / jedoch wenigst vor ein Muster und Ebenbild der Keuschheit: Ja schier vor die Frommkeit selbsten'. (S. 56) 'Keuschheit', 'seltene Tugend' und 'unvergessliche Schönheit' werden ihr in Wien nachgesagt (S. 33). 59) Als Landstörzerin wird die Courasche zur sprichwörtlichen Fortunagestalt, mag sie nun als Unglücksvogel oder als gutes Omen für den Krieg gelten: 'Lustig ihr Brüder / wir haben ein gut Omen künfftige Schlacht zu gewinnen! Warum? darum / die Courage ist wieder bey uns ankommen.' (S. 58) Wo sie vorüberreitet, schreien ihr viele tausend Soldaten ihren Spott nach, die Kinder auf den Gassen lernen ihren Namen eher als das Vaterunser (S. 51). Sie ist so legendär wie Celestina, der die ganze Welt, Menschen, Hunde, Vögel, Schafe, Esel, Frösche 'alte Hure' zuriefen, wenn sie auf die Strasse ging.

Die übersteigerten, zum Teil widerspruchsvollen Vorstellungen von der Courasche als Edelfräulein, Zigeunerin, Venus, Marketenderin, Hure Babylon heben im Zusammenprall die Courasche hoch über das einfache Bild der Sünderin zu fragloser Grösse und Sondergesetzlichkeit. Die 'Courasche' ist ein Schauvergnügen wie die Simplicissimuskapitel über den Mordbrenner Olivier, der auf dem Kirchturm sein Lager und seinen Auslug hat und das Geld in faulen Bäumen versteckt - weshalb für die 'Courasche' so gut eine Dramatisierung vorstellbar ist, die nicht nur, weit abweichend vom Original, Brecht, sondern nahe an Grimmelshausen Friedrich Klein 1905 für eine Aufführung in der Wiener Burg vorgenommen hat. (Aehnlich und gleicherweise ohne ersichtliches ethisches Motiv des Dichters erfolgen die Einbrüche des Grotesken in eine realistisch-idealistische Welt in der 'Celestina', in der 'Justina' und auch im derbkomischen Bauernoratorium des 'Jucundus Jucundissimus'.)

b) Kritische Beurteilung der allegorischen Teile

Es stellt sich für uns nun noch die zusätzliche Frage, ob nicht nach dem allem Grimmelshausen teilweise in die allgemein-barocke Entwicklung einzuordnen wäre, an der man die Aufweichungserscheinungen kanonisch-allegorischer Verweisungstechnik beobachtet? Es gibt unzählige Beispiele dafür, dass vom höfisch-gelehrtenhaften Roman über die Erbauungsliteratur bis hinab zur volkstümlich-satirischen Groteske ad hoc neue Allegorien gebildet, seit alters festgelegte Topoi ausgeweitet, vertauscht, überblendet und alte Sagenstoffe souverän gehandhabt wurden. Der Beziehungsreichtum ist (wie im Spätmittelalter) unübersehbar. 60)

Für unsern Zusammenhang ist die Symbiose der Topoi von der Verkehrten Welt, der Frau Welt, vom übel(e)n wîbe, von der Venus und dem Peccatum besonders aufschlussreich. Hier zeigt sich nämlich, dass die vertrauten allegorischen Figuren, vielfach nicht erst bei Grimmelshausen, ihren markanten Umriss zu verlieren drohen - sei es durch gegenseitige Ueberschneidung, sei es durch unfigürlich-abstrakte Auffassung (wie merkwürdigerweise in den von Feldges in Schöne, SS. 67, 40, 72, 19 usf. für die Frau Welt-Allegorie in Anspruch genommenen Zitaten).

Beispiele: - An der 'Fürstlichen Kindtauff . . . Welche im Augusto dess

1596. Jahrs zu Cassel gehalten worden' erschien im 2. Aufzug zum angekündigten
Ringelrennen eine Maske, 'Peccatum', welche die Sünde versinnbildlichte. Sie
war mit einem schwarzen Umhang bedeckt, 'daran gemahlet Todtenköpffe und
Beine, Schlangen und Kröten' (Sälzle), das heisst, sie war eindeutig mit den
Attributen der verderbten Frau Welt behangen.

- In der von Guevara-Albertinus an die Frau Welt gerichteten Verwünschun-
gen und Absagen (Simplicissimus V, 24) wird diese in moralisierender Zeitklage
als Verkehrte Welt angeprangert: 'Man liebkoset / umb zu tödten / man erhöhet /
umb zu stürtzen / man hilfft / umb zu fällen / (. .) man strafft / ohne verzeyhen.
Behüt dich Gott Welt / dann in deinem Hauss werden die grosse Herren und Favo-
riten gestürtzt / die Unwürdige herfür gezogen / die Verräther mit Gnaden angesehen / die Getreue in Winckel gestellt / die Bosshafftige ledig gelassen / und die
Unschuldige verurtheilt . . .' Diese Klage über die (christliche) Welt als Toll-
haus entspricht in ihrer Struktur genau der paradoxen Reihung von Impossibilia
in den Darstellungen der Verkehrten Welt, nur der Ton ist sarkastischer, weil
die Verkehrung Wirklichkeit geworden ist.

- Beim Uebergang von der traditionellen Vorstellung vom 'übel(e)n wîp'
zum Topos von der Bösen Frau im 15./16. Jahrhundert verändert sich der Habi-
tus des streit- und herrschsüchtigen Ueberweibs erschrecklich. Man ist nun be-
strebt, alle Schandbarkeitsattribute auf die Böse Frau zu häufen, für die man
früher je eine eigene Vertreterin hatte. Gegenüber dem 'übeln wîp' gehört die
Böse Frau nun immer dem sozial tiefsten Stand der Bauern an. Während früher
über das Alter und Aussehen Böser Frauen nichts verlautete, verbindet sich jetzt
mit ihnen der Hässlichkeitstopos des a l t e n Weibs. Sie werden in enge Beziehung zum Teufel gesetzt, als arge Vetteln und Hexen verschrien. Die Unterord-
nung des Mannes erkämpfen sie sich auf Lebenszeit. Dazu werden dann noch aus
der traditionellen Vorstellung Hoffart, Putzsucht, schlechte Küche, Schelten und
Prügelei nachgetragen. Dieses Bild als Resultat spätmittelalterlich-barocker
Montage von Topoi überlagert seinerseits beträchtlich den Topos von der Frau
Welt. Gemeinsam sind ihnen Gleissnerei, Putzsucht, Hässlichkeit, Hurerei und
Zuschandenmachen des Mannes (ethisch und physisch!).

- Auch Venus- und Frau Welt-Vorstellung überschneiden sich. Venus und
Luzifer sind nach Grimmelshausens Kalender derselbe Stern. Venus trägt seit
Boccaccios Fiammetta-Dichtung ein Doppelgesicht als Heilige und Furie. Bei
Boccaccio (und in den Venuskapiteln des Simplicissimus) verbirgt sich unter
dem glatten Trugbild von Schönheit Bosheit, grundlose Rachsucht und Teilnahms-
losigkeit. Nach dem ältesten griechischen Mythos ist Venus die Schwester der
Erinnyen und die Verbündete des Fluch- und Blutgeists Ares und damit Furie und
Heilige zugleich. (F.O. Walter, Götter Griechenlands, 1947, S. 92)

- Ein Beispiel noch für die Transposition der Frau-Welt-Vorstellung auf
andere, ad hoc gebildete allegorische Figuren. Ueber Frau Lugen heisst es im
Gusman (S. 68): '. . . ein Fraw / die war gekrönet und gekleydet wie ein Königin und hatte von ferne ein schönes Angesicht und glantz / aber je nahender man
zu jhr kam / je hesslicher unnd schändlicher sahe si auss / unnd jhr Leib war
erfüllt mit Gebrechen . . .'

Vornehmlich aus diesen unscharfen Topoi aber baut Grimmelshausen das
groteske Wesen Courasche und das Handlungsgerüst auf: Die Vorstellung von der

Verkehrten Welt drängt sich in den Vordergrund, wo die Courasche als Frau in Umkehrung von Gen. 3, 16 und Kor. 11, 8 ('daz wîp chom von dem man: si schol im sîn gehôrsam' 61)) Hosen und Waffen trägt. Messertragen, Prügelszene, Fluchen und Hurerei der Courasche sind dem Topos vom Bösen Weib entnommen. Ihre Unfruchtbarkeit weist die Courasche als Venuskind aus. Die proteusartige Verwandlung von der 'Liebreitzenden Rittmeisterin' (S. 26) zur russschwarzen Zigeunerin und das Herrinnen-Verhältnis zu Springinsfeld basieren auf der Frau Welt-Imagination. 62)

Gemeinsamer Nenner dieser unter anderem in die 'Courasche' verarbeiteten Topoi ist das Insistieren auf extremen (für die Frau nachteiligen) Situationen, grauenvoller Umschlag und sprachlicher Aufruhr.

Gerade im Hinblick auf diese spätmittelalterlich-barocke Häufungsmanie erscheint aber die Gestalt der Courasche mehr im Fluss als gemeinhin angenommen, durch die sich überschneidenden Topoi ohne präzisen theologischen Inhalt beginnt sie zu schillern, wird unstatisch, nicht-mittelalterlich, unheimlich-lebendig.

So drückt sich in der 'Dämonisierung' 63) und Idealisierung der Courasche, in Emphase, Hyperbel, Bildkontamination wohl weniger ein unangefochtenes Vertrauen in die Allegorik und Ordo-Lehre aus als vielmehr die Faszination des Dichters durch eine undurchschaubar-vielgestaltige Welt, die wie mit Masken verstellt ist und hinter der sich der (christliche) Weltsinn, wenn man seinen 'Hirnschleifer' (Aegidius), seinen Guevara und Lycosthenes nicht dauernd zur Hand hätte, kaum mehr ahnen liesse.

III. SPRACHE

DIE SPRACHE: RHETORIK UND MUENDLICHKEIT

Die aufdringliche Präsenz der Courasche, die mit ihrer 'Histori' ihren Fall demonstriert ('Schaue / du guter Simplex'), abirrt ('aber wo komm ich hin? ich muss meine Histori erzehlen'), voraneilt ('aber diss ist nur Puppenwerck gegen dem zu rechnen / wie ich dich sonst angeseilt'), höhnt und attackiert, ist am greifbarsten in der rhetorisch hinreissenden und zugleich blutvollen Sprache, die sich zeitweilig dem gesprochenen Wort nähert. Stilistisch lassen sich die inhaltlichen Kriterien wie Herrschsucht, Stolz und Ausstrahlung der Protagonistin am überzeugendsten im Einführungskapitel nachweisen. Obschon hier Courasches Kritiker verschiedene Argumente in (unterschobener) direkter Rede zur Sprache bringen, so werden sie doch in ihrer Redefreiheit durch die ungeduldigen anaphorischen Einwürfe der Courasche eingeschränkt: 'Ja! (ihr liebe Herren!) das werdet ihr sagen' (4x), bis sie sie endgültig abschneidet mit dem letzten: 'Ja ihr Herren! das werdet ihr sagen'. Durch diesen Zwischenruf wird die Länge einer Satzperiode bestimmt - und ihre grosse Dehnung, die affektische Tension stimmt auch wieder mit dem 'furor' der Courasche zusammen, die die Satzbogen mit der Kraft ihres 'zornigen' Temperaments spannt. Die Satzperiode führt in zwei riesigen auftaktigen Anläufen bis zum Konditionalsatz: 'wann euch die Zeitung von dieser meiner (. .) General Beicht zu Ohren kommt;' und nun spielt die Courasche die Männer mit i h r e r trotzigen Begründung des Romans an die Wand. Damit das schwarze Bekenntnis der Courasche seiner Länge wegen nicht in die berichtende Ich-Erzählung zurücksinkt, werden von den überrumpelten Kritikern Zwischenfragen gestellt: 'Warumb das Courage? warumb wirst du also lachen?'. Sie sind das klägliche Gegenstück zu den unterbrechenden Zwischenrufen der Courasche. Am Schluss verstummen die Opponenten ganz, und ihre Wenn und Aber werden unter einem barocken Turm von Sprichwörtern begraben: '. . . dass gemeiniglich Gaul als Gurr: Hurn und Buben eins Gelichters: und keins umb ein Haar besser als das ander sey; gleich und gleich gesellt sich gern / sprach der Teuffel zum Kohler / und die Sünden und Sünder werden widerumb gemeiniglich durch Sünden und Sünder abgestrafft.' Ueberwunden und sprachlos soll ja auch Simplicissimus sein von der sprachlichen (Spiegel-) Fechterei der Courasche. Diesem Kunststück rhetorischer Aufbauschung im Eingang der Courasche, das schon Gutzwiller (Diss. Bern, 1959) durch seine schrankenlose Hypotaxe und die Häufung der Stilfiguren der Exklamatio, Parenthese, Apostrophe, Anapher, Antithese und Diärese auffiel, stellen wir als Ergänzungsstück ein i n h a l t - l i c h ausgreifendes Satzgefüge gegenüber: Fast atemlos rafft Grimmelshausen in einen Nebensatz Schelmenstreich, Spott und übereilte Abreise aus dem Sauerbrunnen: 'Sintemal er durch einen blinden Pistolen-Schuss und einer Wasser-Spritze voll Blut / das er mir durch ein Secret beybrachte /mich glauben machte / ich wäre verwundet / wessentwegen mich nicht nur der Balbierer / der mich verbinden solte / sondern auch fast alles Volck im Sauerbrunnen hinten und fornen beschauete / die nachgehends alle mit Fingern auf mich zeigten / ein Lied darvon sangen / und mich dergestalt aushöneten / dass ich den Spott nicht mehr vertragen und erleiden konnte / sondern ehe ich die Chur gar vollendet / den Saur-Brunnen mitsamt dem Bad quittirte.' 64) In rhetorischer Formel und Erzähltempo verrät sich die emotionelle Spannung des Dichters. Feldges, der ebenfalls diese Qualität der Sprache hervorhebt, nennt sie in Nachfolge von Gutzwiller sogar eine mäeutische: Der ganze Apparat mit Alliteration, Anapher, Apostrophe usw. werde nur aus didaktischen Gründen aufgeboten. Das Rhetorische zeitige, wenn ich ihn recht verstehe, eine doppelte Wirkung: Es male das Picara-Porträt im Sinn einer Impftherapie grässlich-grell, teuflisch-verführerisch; gleichzeitig lasse der Gebärdenstil Lücken klaffen, die Grimmelshausen die Möglichkeit zu direkter Moralisation böten. Und tatsächlich ermöglichte erst die rhetorische Emphase die Inkonsequenz, dass Grimmelshausen z. B. in der Ermahnung an die Geistlichen (beinahe unvermerkt) die Figur von der Furie Courasche preisgab (S. 16): 'darumb gehet hin zu solcher Jugend / deren Hertzen noch nicht / wie der Courage, mit andern Bildnissen befleckt / und lehret / ermahnet / bittet / Ja beschweret sie / dass sie es aus Unbesonnenheit nimmermehr so weit soll kommen lassen / als die arme Courage gethan.' In solchen Fällen mag es erlaubt sein, die missionierende Absicht für Rhetorik und verblümte Redeweise des Grimmelshausen verantwortlich zu machen; daneben ist sie meines Erachtens aber doch auch wieder bewusst auf die aufrührerische, redegewandte (S. 134!) Protagonistin abgestimmt und erinnert nicht zufällig an die Haupteigenschaft der Justina.

Unter der Schicht von (gelehrter) Rhetorik breitet sich eine grobkörnige Sprachschicht aus mit bäuerlich getöntem Wortschatz, Zote, Sprichwort, Wortspiel und Redefiguren wie beispielsweise dem absichtlichen Sich-Versprechen, eine Sprache, die uns wie für den mündlichen Vortrag berechnet erscheint. Auch in dieser humoristisch-volkstümlichen Art, mit Lachen die Wahrheit zu sagen, wäre, so Feldges, lediglich eine angenommene Haltung zu sehen. Zum Beweis erinnert er an die fast sture Humorlosigkeit des 'Keuschen Josephs', wo solche Verstellung nicht nötig gewesen sei. Diese Auffassung des Josephromans muss allerdings bestritten werden. Man vergleiche dazu nur die folgenden zwei Stilproben:
- Ueber Selicha (!): 'Ich kan mir auch wol einbilden, dass manchen, der diss lieset, bey sich selbst gedenckt: diss wäre ein stattlich Fressen vor mich gewesen.'
- Asaneth liess sich zur Heirat 'lieber, als lang Heu, laden'.
Hier zeigt sich gerade, dass der Humor unabdingbar zur selbstbewusst-persönlichen Erzählweise Grimmelshausen gehört! Seine immer unmanieristische derbhumoristische Rhetorik, die ursprünglich dem gleichen Zweck wie das hohe Pathos dienen mochte und den zeitgenössischen Leser aufrütteln sollte, unterhielt und interessierte das Publikum oft an sich. So beklagte sich Grimmelshausen in der Vorrede zum 'Vogelnest' (II) darüber, 'dass unter 17 Lesern kaum einer ist / der da findet / was er (=Dichter) ihn unterrichten will'. Mit dieser volkstümlichen Redegestaltung ging Grimmelshausen ebenso auf die eigene Begabungs- und Geschmacksrichtung ein wie auf die seiner Leser. An den Landsleuten vorbeizureden, ihre Sprache und Handwerk nicht zu verstehen, wird im 'Springinsfeld' als verächtliche Blamage verspottet ('Springinsfeld', S. 17). Aus seiner Haltung der in Volk, Bauernstand, Sitte und Region verwurzelten Sprache gegenüber erschienen Grimmelshausen ja auch die Bemühungen der Sprachverbesserer (und Theologen) als maniert und unrealistisch. - Uebrigens ist seine Sprache, an die Beer anknüpfen konnte, wohl trotz dem Duktus der Mündlichkeit und scheinbarer Unmittelbarkeit doch häufiger an eine literarische als an eine anonyme mündliche Tradition anzuschliessen. Mit etwas Glück lassen sich Tabuwörter, Sprachwitze, Fischartsche Wortverdrehungen und stehende Wendungen auch in den Nachbarwerken des Aegidius Albertinus, Garzoni, Moscherosch und in den Schwanksammlungen auffinden. Man

entnehme der zufällig zusammengekommenen Liste volkstümlicher Spracheigentümlichkeiten die entsprechenden Beispiele:

<u>Wortbildungen</u>, <u>Wortverdrehungen</u> (<u>und -verfremdungen</u>):

'Courasche'
: assoziative Ueberlagerung von Kursche (Pelzchen-Schamhaar) 65), frz. Courage und Kurtisane, viell. Curiosität (vgl. Simpl. S. 283: 'massen wir noch alle an unserer ersten Mutter Curiosität zu däuen haben')

'maulhenckolisch'
: für melancholisch, Cour. 33 / Vogelnest II, S. 149 Moscherosch: Visiones I, 127; Beer: So'täge 278 Fischart: Geschichtklitt. 405

'alte Merr'
: für Mähre und frz. mère, beides steckt drin, Cour. 95

'seine alte Merr / (seine alte Frau wolt ich sagen)'
: absichtliches Sich-Versprechen, Cour. 95 vgl. Val. Schumann: Nachtbüchlein Nr. II, 34: 'schellig auff die huren-ey, hett mich schier verschnepfft! auff die junckfraw!

'das Kleinvieh hinwegfüchseln oder (. .) von den Herden hinwegwölfeln'
: (aus dem Bericht des Autors über die Zigeunerbande) Spri. 33

'Leutenant'
: in der alten Bedeutung von lieu-tenant, Cour. 39

'Stirpitus flammiliarum'
: für Spiritus familiaris (stirpitus = 'mit Stumpf und Stiel') Cour. 98

'Dame, mehr mobilis als nobilis'
: Cour. 129 / Simpl. 391

'Sclavonische Völcker'
: (Slaven werden, ironisch (?), wenn auch etymologisch richtig, Sklaven gleichgesetzt) Cour. 17

'Mechaberis'
: (= Ehebrecher: vgl. lat. Text zu 6. Gebot: 'non moechaberis') 66) Cour. 131

'nicht geprügelt: hingegen gedegelt'
: Cour. 143

(aus dem 'Simplicissimus'):
'gEsell'
: Simpl. 69, Teutscher Michel 739, Spri. 19

'alkühmistisch'
: für alchemistisch, Simpl. 300

'gassatim'
: für Gass auf und ab (Studentensprache) Simpl. 348 Aeg. Albertinus: Lucifers Königreich 277

'Konterbission'
: für Kontribution, Simpl. 207

'warum nur Grossgeachte und keine geneunte?'
: Simpl. 77

('entzweien, entdreien, entvieren . . .'
: Josephsroman)

<u>stehende Wendungen:</u>
'auf den alten Käiser hinein leben'
: für: unbekümmert um die letzten Dinge leben Spri. über Cour. 34

'Gaul als Gurr' / 'vier Hosen eines Tuchs'
: Cour. 16, 128, Spri. 73, Moscherosch: Vis. I, 49

'zu einer geschehenen Sache
das Beste reden'   Cour. 70, Schumann: Nachtbüchlein II, 26
'bei den eigenen Birn mercken Simpl T. 258, Spri. 55, Vogelnest I, 86
/ wann andere zeitigen'
'Sebel der Haar schur'   Simpl. 362 / 451, Vogelnest II, 288
'den Hingang für den Hergang
haben'   Simpl. 280 / 439

Sprichwörter:

- biblische:

'dann er war in meiner Liebe Cour. 83
so gar ersoffen / dass er mit (vgl. Matth. 13, 13: 'Denn mit sehenden Augen
hörenden Ohren nit hörete / sehen sie nicht, und mit hörenden Ohren hören
noch mit sehenden Augen nit sie nicht')
sahe / . . .'

- bei Aeg. Albertinus belegbare:

'dann gleich wie man sagt / Cour. 55
das Stroh in den Schuhen / ein (vgl. Aeg. Albertinus: Hausspolicey S. 94: 'dann
Spindel im Sack / und eine Hur wie das Sprichwort lautet ein Spill im Sack unnd
im Haus läst sich nicht ver- das Mägdlein im Hauss / unnd das Stro in Holtz-
bergen / . . .'   schuhen mögen sich nicht verbergen')
'Ein Schneider auf ein Ross / Cour. 68
ein Hur aufm Schloss / Ein (nach Kelletat ähnlich bei Garzoni, auch sonst viel-
Lauss auf dem Grind / seynd fach belegt, vgl. Wander 34, 35. Am nächsten Aeg.
drey stoltzer Hofgesind.'   Albertinus, Gusman, S. 262: 'Ein Hur auff einem
                        Schloss / ein Schreiber auff einem Ross / Ein Lauss
                        auff einem Grind / seynd drey stoltzer Hoffgesind')

- versteckte:

'Ich hätte es zum dritten mahl Cour. 59
gewagt / und fortgeschmidet /
dieweil das Eisen weich gewesen / und die Schlacht ge-
währet / . . .'

- wiederholte:

Die Weiber weinen offt mit Cour. 36 + 68
Schmertzen / aber es geht ihn (Der gleiche Gedanke in Schuppius, 'Die böse Sieben':
nicht von Hertzen / Sie pflegen 'Wann sie lachen / stehen ihnen die Thränen schon
sich nur so zu stellen / Sie in den Augen. Und wann sie weinen / so hat man sich
können weinen wann sie wöl- nicht viel daran zu kehren. Lacrymae ad ostenta-
len.'   tionem paratae. (. .) Tota illarum vita est simu-
                        latio, fictio, deceptio).

Dieses letzte Sprichwort wird zweimal zitiert, wobei sogar die Einleitungsworte
mit übernommen sind: '. . . und damit fienge ich an zu weinen / als wann mirs
ein gründlicher Ernst gewesen wäre / nach den alten Reimen . . .'. Man denkt
dann natürlich an einen Hinweis auf den Aufbau des Romans, aber es handelt sich
nur darum, wiederholt auf die Verstellungskunst der Courasche hinzudeuten und
nicht darum, die im übrigen voneinander unabhängigen Kapitel in Beziehung zu
setzen. - So kommt auch das Sprichwort: 'Gleich und gleich gesellt sich gern /

sprach der Teuffel zum Kohler' in der 'Courasche' zweimal (SS. 16/128) und wieder im 'Springinsfeld' (S. 131) vor, ohne dass es sich bei der Wiederholung um ein bewusst eingesetztes Kompositionsmittel handeln würde; denn die Bereitschaft zu solch sprichwörtlicher Formulierung ist immer latent vorhanden.

Die Tendenz, bei einer einmal geprägten (gelesenen, gehörten oder selbsterfundenen) gelungenen literarischen Formel zu bleiben und sie als festes Versatzstück zu gebrauchen, deute ich als Zeichen einer gewissen erzählerischen Lässigkeit und einer sorglos-schnellfertigen Diktion. Damit wird natürlich nicht der künstlerische Wert der Prosa Grimmelshausens bestritten. Die künstlerische Wirkung der Grosserzählung geht ohnehin nicht vom exquisiten Einzelwort, von der einzelnen Fügung aus wie in der Lyrik, vielmehr ist die sprachliche Massenwirkung klang- und stimmungsreicher Aufzählungen für die ästhetische Qualität von ausschlaggebender Bedeutung; die Sprache werde, sagt Koskimies, 'im erzählerischen Prosastil gleichsam mehr in grossen Flächen und gewaltigen tonalen Wogen aufgenommen' (S. 252).

Im folgenden versuche ich - über die al-fresko-Wirkung in niederer und hoher Rhetorik hinaus - Beispiele für die Modulationsfähigkeit und Geschmeidigkeit der Grimmelshausenschen Sprache zu liefern, die dem Komplimentierstil, juristischer Fachsprache und Fremdwörterei (Courage!) ironische Lichter aufsteckt, und sich in der Redeform beweglich und nuanciert dem Inhaltlichen anpasst:

Direkte Rede: Eine Gliederung des Romans erfolgt durch die vier längeren Dialoge, mit denen wichtigste Begebnisse herausgehoben werden: 1. Die ungerechte Behandlung der Courasche durch den Leutnant (S. 41 ff) 2. Die Schalheit der Amadis-Welt (in der unaufrichtigen galanten Rede des Rittmeisters, S. 66) 3. Die beginnende Ueberlegenheit der Courasche über die Männer (S. 79 ff) 4. Der Leichtsinn und die Unbekümmertheit der Courasche, mit der sie auf den alten Kaiser hineinlebt (S. 97 ff). Sie sind Vorsprünge, (flache) Gipfel der Erzählung, stilistisch wie thematisch. -

1. Für den Dialog mit dem Leutnant vgl. vorn, S. 24 ff. - 2. Der Einschub der galanten Rede des Rittmeisters hat seine Berechtigung darin, dass in der direkten Redeform das Lügnerische, der Eigennutz viel stärker betont wird, besonders auch, weil sie sich gespreizt und umständlich an ein so zweifelhaftes Subjekt wie die Courasche wendet. Eine Stilsatire ist insbesondere in der etymologischen Redefigur 'mit tröstlichem Mitleiden tröstet' (S. 66) zu erblicken; Grimmelshausen nimmt hier den manierierten Ausdruck des Petrarkismus und der preziös-galanten Lyrik aufs Korn mit seinen Bildungen wie: 'der schönen Schönheit' (Opitz), 'mit Laub umlaubt' (Klaj), 'meiner Liebsten Lieblichkeit' (Greflinger). Vielleicht, dass er damit sogar Venators spöttisch-galantem Frauenlob in der 'Reise in die Neue Ober-Welt des Monds' (1660) folgt: 'Meine freundlichste Freundlichkeit / meine holdseeligste Holdseeligkeit / meine liebste Lieblichkeit' (S. 67) sind hier die satirisch chargierten Metaphern für die Geliebte. Die literarische Parodie der Stilform und des Ethos des höfisch-galanten Sprechens ist im Dialog der Courasche mit Springinsfeld weitergetrieben, weil sich jetzt ein einfacher Musketierer der gewundenen Wortspiele und antithetischen Gedankenführung bedient. Das Wortspiel: 'Ich bin in einem solchen verwirrten Stand / der mich so verwirret / dass ich auch weder meine Verwirrung / noch mein Anliegen (. .) erleutern

möchte / ' (S. 80). Die Antithese: Krankheit und Tod sind der Zustand, 'der mir (Spri.) zum recompens widerfahren / dieweil ich mein Hochehrende Frau aus ihrer Gefährlichkeit errettete!' (S. 79) (Vgl. auch S. 66: 'dem Leib nach hat mich mein Fatum zwar (. .) ledig gemacht, und mich doch in übrigen gantz und gar eueren Sclaven bleiben lassen') 67)

3. Zweifach werden die Venusnarren von der Courasche verlacht, die bloss zum Schein mitspielt und sie zudem mit beginnender Ueberlegenheit betrügt. Mit Raffinesse verwirklicht sie ihren Plan, Springinsfeld in das Marketendergeschäft einzuspannen, indem sie, auf seine Rede aufbauend, an jede ihrer Verstiegenheiten wortwörtlich anknüpfend, Springinsfeld immer weiter in seinen (unlautern) Worten verstrickt, in den eigenen Gedanken weiterstösst bis zur Unterschrift des Kontrakts: 'Mein Freund / ihr nennet mich fürs 1. euer Gebietherin / fürs 2. euch selbst meinen Diener / wann ihrs nur seyn köntet; fürs 3. klagt ihr / dass ihr ohne meine Gegenwart sterben müst; (. .) was Raths aber? damit euch geholffen (. .) werden möchte?' -

4. Im vierten Fall längerer direkter Rede ist die Bemühung der Courasche um sachliche Aufklärung über den 'Spiritus familiaris' festgehalten, oder vielmehr ist die Gleichgültigkeit aufgezeigt, mit der sie über alarmierende Tatsachen hinweggeht.

Die vielen kurzen Einschübe von direkter Rede sodann sind bestimmend für das plastische Relief der Erzählung. Dafür vier Beispiele:

S. 58: 'Also staffirt kamen wir bey den Häussern gleichen zu der Tillischen Armee / alwo ich bald erkant und von den mehristen Spottvögeln zusammen geschriehen wurde; lustig ihr Brüder / wir haben ein gut Omen künfftige Schlacht zu gewinnen! Warum? darum / die Courage ist wieder bey uns ankommen.' Das Zusammentreffen der Unterstützungstruppen mit der Hauptarmee Tillys wird plötzliche Gegenwart, als wichtige Szene, in der die Courasche im herumgehenden Lagerwitz sprichwörtlich zu werden beginnt.

S. 84: 'Sagte ich zu meinem Marquetender / Spring-ins-felt / und fange unsern Schecken / der Herr Fendrich wolte ihn gern bereuten / und uns demselben abhandlen / und gleich paar bezahlen.' Von diesem Befehl wird laut der Abmachung der Name Springinsfeld abstrahiert, der den Träger an seine gegen die Courasche eingegangenen Verpflichtungen erinnern soll; uns erinnert er an den frivolen Hintergrund der Namengebung, so dass sich in diesem Befehlswort der ganze Charakter der Courasche ausdrückt (Ueberlegenheit, Geriebenheit, Unersättlichkeit, kaltblütiger Witz).

S. 86 fordert Springinsfeld in seiner Einfalt die Courasche heraus, und bevor wir uns nur versehen, übereilt sie ihn mit dem Ausruf: 'Nun das walt GOtt / das ist schon zwey mahl!' - nämlich, dass sie ihn übers Ohr gehauen hat. Der plötzliche Ausruf hebt das Ueberraschungsmoment heraus. - Die direkte Rede ist selten nur Ausmalung, sondern Halte- und Wendepunkt in der Erzählung; auf sie spitzt sich die Entwicklung zu, auf sie stützt die Folgehandlung ab:

S. 134: 'So schlag ihm der Hagel ins Maul / weils der alte Scheusser nicht hat halten können; bate demnach meinen vermeinten Freund / er wolte mir doch getreulich dadurch helffen / Er aber hingegen machte mir eine scharffe Predigt daher / thät die Thür auf / und wiese mir einen Notarium und beysichhabende Zeugen / die alle meine und seine Reden und Gegen-Reden angehört und aufgemerkt hatten. ' Im Zorn übereilte sich die Courasche mit ihrem Fluchwort, und die Konsequenz wird wortlos im Oeffnen der Tür und Hinweis auf Notar und Zeugen angedeutet.

Indirekte Rede: Der Uebergang aus der gewöhnlichen präteritalen Erzählform in die i n d i r e k t e Rede erfolgt oft unmerklich und unter Auslassung des verbum dicendi:

S. 73: 'Demnach ihm aber solche (ergänze: Gelegenheit, der Courasche teilhafftig zu werden) mein Liebster nicht zu gönnen gedachte / widersetzte er sich dem Corporal so lang / biss er von Leder zog / und ihn auf die Wacht nötigen / oder in Kraffthabenden Gewalts so exemplarisch zeichnen wolte / dass ein andermahl ein anderer wisse / wie weit ein Untergebener seinem Vorgesetzten zu gehorsamen schuldig wäre;' bei'Kraffthabenden Gewalts' pendelt der angefangene Satz in die indirekte Rede ein ('wolte' kann als Konjunktiv gelesen werden). Diese Modulation in Modus und Vorstellungsebene des Satzes, dieses Ueberspringen auf die indirekte Rede erwirkt die Lebendigkeit der Sprache, es insinuiert die Mündlichkeit des Diktats durch die Courasche; denn der mündliche Vortrag allein lässt solche Beweglichkeit und die Ellipse zu und kann, gestützt durch Gestik, Mimik, Stimmführung, die literarische Einführungsformel 'sagte er' entbehren.

Ein ähnlicher Fall: S. 90: 'Biss ich endlich von einem beysitzenden erfuhr / dass obengedachte Kürschnerin damit umgehen könte / und weil er sie unten im Hause gesehen / müste er gedenken / dass sie irgends von einer eiffersichtigen Damen gedinget worden / mich einem oder andern Cavallier durch diesen Possen zu verläiten; massen man von ihr wüste / dass sie eben dergleichen einem reichen Kauffherrn gethan / ' - Mit dem 'und weil er sie . . .' geht der Bericht in die indirekte Rede über.

Reiches Variieren bis an die Grenze des grammatikalisch möglichen:
S. 147: 'Darauf schriehe ich (=Cour.) den Unserigen zu / welche sich rebellisch stellen und sich dem Flecken zu entfernen / in den Wald hinein ausreissen solten/' - ein Relativsatz, gleichzeitig darunter die indirekte Rede verborgen. Diese komplizierte sprachliche Mischung besagt inhaltlich: 1. Es ist Courasches Plan, dass die Zigeunerbande in den Wald ausreisst (Relativsatz + Konjunktiv). 2. Courasche schreit - dieses verbum dicendi verlangte nach der Konjunktion 'dass' - ihnen den Befehl zu (indirekte Rede). Präzis schliesst diese grammatikalisch nicht ganz einwandfreie large Sprechweise die Vorstellungen von der Courasche als Planerin und Befehlshaberin ein.

Die Flexibilität und der Modulationsreichtum der Sprache Grimmelshausens kommen im virtuosen Gebrauch der indirekten Rede zum Ausdruck; so benützt er die Möglichkeit, die Aussage unmerklich zu raffen: S. 36: 'wann mein Will darbey wäre / so würde die Beut bald geheilt seyn / wo nicht / so werde er mich gleichwohl mitnehmen . . .' - das resümierende 'wo nicht' gehört kaum der damals geäusserten Rede an, es ist wohl eine Abkürzung für eine mit dem Parallelsatz (wann mein Will darbey wäre) übereinstimmende negative Fügung.

Uebergänge und Zwischenstufen von Redebericht und indirekter Rede:
S. 145: '. . . sagte ich etlichen auf unsere Diebs-Sprach / was mein Anschlag wäre (=Redebericht) / und dass sich ein jedes Weib zum zugreiffen fagest machen solte (= indirekte Rede). '
S. 76: '. . . er fragte (mich) / durch was vor ein Geschick ich so gar allein zu

diesem Reuter kommen wäre? darauf erzehlte ich ihm alles Haarklein / was sich
mit meinem gehabten Hochzeiter / item / mit dem Corporal und dann auch mit
mir zugetragen (= Redebericht); sodann / dass mich diese beyde Reuter / nemlich der gegenwärtige Tode und der Entloffene als ein armes verlassenes Weibs-
bild mit Gewalt schänden wollen / deren ich mich aber bissher (. .) ritterlich
erwehrt; mit Bitt / er wolte als mein Nothelffer und Ehrenretter mich ferner beschützen helffen (= indirekte Rede)' - interessant ist das abhängige 'mit Bitt',
das dem Sprachfluss weniger Widerstand als die Wiederholung eines verbum
dicendi ('und bat') bietet. - Uebergangsformen und die Sprachkurve der Mündlichkeit wären auch in den Inhaltsberichten über die Urkunden und Kontrakte in
der 'Courasche' nachzuweisen.

IV. STRUKTUR

1. STRUKTURMERKMALE

Was eigentlich schon Gattungs-, Motiv- und Sprachanalyse ergaben - Dominanz der Picara in rhetorischer Uebersteigerung, Turbulenz und Tempo der Handlung in den weither aus Lopez, Francisci, Pseudo-Moscherosch, Hans Sachs, Garzoni, Wassenberg ua. zusammengetragenen Erzählteilen, humoristische Beleuchtung durch volkstümlich getönten Wortschatz - tritt deutlicher bei einer Prüfung der Strukturmerkmale hervor. Die folgende Untersuchung der Handlungsorte im 'Vogelnest', 'Simplicissimus' und in der 'Courasche' soll zur vergleichenden Beschreibung der Romanarchitektur und der Aufbauformen der Erzählung überleiten.

Im 'Vogelnest' (I) lässt Grimmelshausen die Handlungsorte im Unbestimmten. Die für menschliche Verhaltensweisen typischen Szenen spielen 'in einem Wald', (S. 8), 'unweit neben der Landstrasse' (S. 20), 'vor einem Flekken' (S. 23), 'in einem kleinen Dörfchen' (S. 32), 'in einem lustigen Wäldlein' (S. 36), 'im nächsten Marktflecken' (S. 37), 'in einem lustigen Städtlein' (S. 59), 'in einem Dorf' (S. 67) - werden sie geographisch fixiert, dann so vage wie: 'auf die rechte Hand gegen die polnische Grenze' (S. 83). Wenn man aber die wenigen geographischen Anhaltspunkte kombinieren wollte, dann würde die Willkür in den Ortsangaben offenkundig. Kurz nacheinander befindet sich Michael in München, an der polnischen Grenze, (in Maulbronn?), im Rheinland, dann wieder im polnischen Gebiet. Die Absicht ist klar: Was Michael erzählt, könnte sich überall in Polen und in Deutschland abgespielt haben. Es gehört zur Zauberkraft des Vogelnests, dass man mit ihm nicht nur wie durch Glaswände in die Häuser und menschlichen Verhältnisse hineinsieht, sondern wie Gott selber die allgemeinen Zustände aus der Vogelschau überblickt. So dienen die unbestimmten Handlungsorte gleichzeitig beiden Absichten, die allgemeine Korruption der Gesellschaft nach dem Dreissigjährigen Krieg hervorzuheben und die Ubiquität Gottes zu veranschaulichen; sie sind ein Beispiel für die Oekonomie der Erzählung, weil das 'Vogelnest' als ganzes auch in den beiden Richtungen von Moralsatire und Populartheologie auszudeuten wäre.

Im 'Simplicissimus' werden die Handlungsorte zu symbolischen Räumen ausgestaltet. Der Schwarzwald ist der Aufenthaltsort des einfältigen Knaben und ist wie die versteckte Einsiedelei ausserhalb des Wirkungsbereichs der Zeit gelegen. (Den Vergleich mit der weltfremden Einsamkeit, in welcher der Knabe Parzival aufwächst, hat schon der Positivismus (Scherer, Geschichte der dt. Literatur, S. 381) ausdrücklich gezogen.) Aber nicht nur die rein dichterischen Phantasieorte, auch die 'realen' Orte, Soest, Lippstadt, Paris, Philippsburg usw. sind symbolisch durchsichtig: Das 'Paradies', wo Simplicissimus den noblen Beschäftigungen Fechten, Jagen, Lesen, Musizieren nachgehen kann, ist das Refugium des adligen Menschen; die Pariser Strassen, über die Simplicissimus als Beau Alman zu seinen Geliebten geführt wird, sind Gänge des Venusbergs; die Schweiz ist eine Friedensinsel, der Sauerbrunnen und seine Umgebung ein Sammelbecken und Mischtrog aller Stände, Professionen, Künste und Händel, in dem sich bald die Adelsfrage, bald Wissenschaft, religiöses Leben, Soldatenleben, erotische Abenteuer, Bauerntum und Aerztestand kaleidoskopisch zum Zentral-

motiv zusammenfügen; der Sauerbrunnen wird immer mehr zum Gleichnis für die
Welt überhaupt, und Grimmelshausen bringt endlich im 'Springinsfeld', 'Ratstübel' und den 'Continuationen' fast alle Figuren der Simpliciana dort zusammen.
Der symbolischen Valenz der Handlungsorte entspricht dann völlig, dass Grimmelshausen im Abenteurer Simplicissimus ein unausschöpfliches Gleichnis für den Menschen schlechthin aufstellte.

Wie es scheint, fehlen in der 'Courasche' alle derart transparenten Räume.
Die Landstörzerin benützt die von den Regimentern des Dreissigjährigen Kriegs
ausgetretenen Strassen und nimmt Wohnung in wohlbekannten Städten; unsichern
Wasserwegen, schwankenden Brücken, undurchdringlichen Wäldern weicht sie
aus, und Nachtigallengesang und Wolfsgeheul dringen nicht an ihr Ohr. Sie wird
'ungefährdet' durch den realen Raum von Bragoditz nach Pressburg, Wien, Prag,
nach Dänemark und Norditalien geführt. Aber wir vermuteten schon, die Um-
stands- und Ortsangaben aus Wassenberg hätten den inhaltlichen Sinn, die Verwicklung der Courasche in die reale Welt schlechthin zu dokumentieren. Vom Stilistischen her ist ein Schritt weiterzugehen: Es besteht nämlich die Schwierigkeit,
beim ersten Lesen die bunten Ereignisse auseinanderzuhalten; nicht nur, dass
man die Nebenpersonen verwechselt (Grimmelshausen selber auch! 68)); auch
die Ortsnamen verwirren sich uns viel mehr, als dass sie dem Gedächtnis Stütze
für den Handlungsgang wären. Viermal weilt Courasche in Prag, zweimal in
Bragoditz, dreimal für längere Zeit im oberrheinischen Gebiet, zweimal in Mantua: Aber diese landschaftlichen Knotenpunkte tragen nicht zur Klärung und Grup-
penbildung der Romanereignisse bei, im Gegenteil, durch die geographische
Ueberschichtung werden die Handlungsteile verwechselbarer, der Fortgang ver-
wirrlicher und temporeicher: Es entsteht der (gewünschte) Eindruck, als be-
fände sich die Courasche im Strudel der Zeit! Die grössten Wirbel erzeugen die
Weltstädte, die sie wie Prag mehrmals anziehen und abstossen, schicksalhafte
Punkte, die die Menschen, hier die drei Hauptleute und die Courasche, zusammen-
würfeln: 'Dannoch brachte mein Fleiss und Erfahrenheit mir abermahl aus dem
Gallaschischen Succurs einen Haubtmann zu wegen / der mich ehelichte / gleichsam / als wann es der Stadt Prag Schuldigkeit oder sonst ihr äigne Art gewest
wäre / mich auf allen Fall / mit Männern / und zwar mit Haubtleuten zu versehen.' (S. 124)

Demnach übernehmen die Handlungsorte in der 'Courasche' mit die Funktion, die ahasverische Ruhelosigkeit und Besinnungslosigkeit der Landstörzerin,
untendenziös, das tolle Hin und Her, Auf und Ab im atemlosen Ritt durch die
Welt auszudrücken. - (Anders schafft die oberflächliche Aufzählung geographi-
scher Namen im 'Springinsfeld' ein Uebergewicht der unpersönlichen Chronik-
handlung.)

In der 'Courasche', in der man es nicht mit einem goethezeitlich organi-
schen Werk zu tun hat, ist es sinnlos, den Nachweis erbringen zu wollen, dass
alle Mittel, die dem Dichter in der Stoffwahl, der Konzeption der Fabel, dem Stil
im engern Sinn bis in den Bau des Einzelsatzes hinein zur Verfügung stehen, auf
ein Ziel hinwirken: Denn wie ich zu zeigen versuchte, bleibt der unaufhebbare
Widerspruch zwischen der Faszination des Unheimlichen, welche die hyperbo-
lischen, surrealen Bilder erzeugt, den seltenen gedankenvoll eingesprengten
moralischen Partien (z. B. der Zugab) und dem Leichtsinn der Zigeuneridylle

bestehen. Trotzdem hat man es mit einem für barocke Verhältnisse geschlosse-
nen und in seiner Stimmigkeit eindrücklichen Werk zu tun. Schon das charakter-
liche Porträt der Courasche ist viel schlüssiger, die Psychologie im Uebergang
von der lebenslustigen, aber missgeleiteten Libussa zur in Bosheit erstarrten
Erzählerin viel feiner beobachtet als im 'Simplicissimus', wo der Knabe in Hanau
Einsichten in Wissenschaft, Historie, Theologie zeigt, die den Garzoni, Albertinus, Hildebrand anstehen würden. Man kann (psychologisch) begreifen, wie
die Alte, verbittert, zu ihren lästerlichen, prahlerischen Worten kommt, neben
denen das Humane und die leichte Gaunermoral leicht verstummen könnten. 69)
        Ein Beispiel für Stimmigkeit war, wenn der Leitgedanke Grimmelshausens
über das Hin- und Hergetriebenwerden des Menschen in der Fixierung des Lebens-
laufs an relativ unübersichtliche, nicht zu Sinnbezierken geweitete Oertlichkeiten
zum Ausdruck gebracht wurde; ein anderes läge darin, dass der Romanvorwurf
des Erzählens aus Rachegelüst (= Romanebene) und die dichterische Kraft, die
den lockern Schwankzyklus zum Roman, fast zur Novelle zusammenballt, gleich-
ziehen: Das Engagement von Heldin und Dichter wird jetzt an der Kompaktheit
des Romans abgelesen; die offenere Form gegen den Schluss zu gibt an, dass die
Courasche Simplicissimus und ihren Zorn zusehends vergisst. Damit stimmt
wieder die Wahl des Zigeunermotivs für ein entspannteres, leichteres Leben zusammen. Dichtigkeit wird auch erlangt, wenn untergründig ein irrationaler Zusammenhang zwischen dem Dämonischen, das der Courasche anhaftet, und dem
jähen Tod ihrer sechs Männer hergestellt wird. Die Vorstellung von der Courasche
als einer alles dominierenden Gestalt bestätigt der knappe Zuschnitt der Fabel,
die ohne die Ablenkung und die Komplizierungen durch Nebenhandlung, Allegorie,
Milieuschilderung und Enzyklopädie der Hauptgestalt eng anliegt; man muss in
der 'Courasche' das Gemeinte nie zwischen Haupt- und Kontrastfigur, Haupt- und
Begleithandlung, Geschehen und statischer Reflexion interpolieren. Tun und Lassen der Protagonistin bleiben in dieser konsequenten Beschränkung auf die Haupt-
fabel jederzeit unwidersprochen.
        Die Courasche, die jeder (direkten) tieferen Problemstellung ausweicht,
billigt auch keine grüblerischen Schnörkel und rätselhaften formalen Figuren. Die
Kapiteleinteilung fällt so mit den Atempausen in der Erzählung zusammen. Im
'Simplicissimus' wird, gegenteilig, die Handlung, einmal ein Gespräch, über den
Kapitelschluss ins nächste Kapitel hinübergetragen; und in barocker Schraubung
sind die Buchschlüsse den inhaltlichen Absätzen um eine Windung vorgedreht.
Auch durch die Handlungsführung werden im 'Simplicissimus' Erzähleinheiten
zerschnitten. Grimmelshausen beginnt anfangs des 28. Kapitels (im 1. Buch)
mit dem grobianischen 'je-pête-Schwank', geht dann zu einer andern Episode
über, und bringt den aufgesparten Schluss erst im 31. Kapitel unter. Durchsich-
tiger ist für uns der epische Kunstgriff, mit dem er durch die vorauseilende Nebenhandlung die Haupthandlung antizipiert (der Vater des Simplicissimus kehrt
voll Ekel der Welt den Rücken); diese Aufgabe können auch die allegorischen
Einschübe (Kriegsbaum) und die Wahrsagung übernehmen. In den Reflexionen
wird die Erzählung nach rückwärts verklammert.
        Entgegen dieser komplizierten Romanarchitektur werden in der 'Cou-
rasche' grelle anekdotische Episoden in einer fast regelmässigen zeitlichen Kette
aufgereiht, in einem schnellen und fast phasenlosen Ablauf erzählt, ein Schelmen-

stück nach dem andern. Die Erzählweise passt sich nicht der Erschütterung in
den Einzelerlebnissen an. Diese Unbeirrbarkeit der Erzählerin rechnen wir ihr
als Tapferkeit und stolzen Stoizismus, sicher aber positiv an. Wäre es nun möglich (und damit greifen wir wieder unsere allererste Frage auf), dass der barocke Leser, der für Zeitabläufe unempfindlicher war und stärker 'thematisch'
las, dies nicht getan hätte und die 'Courasche' dadurch viel negativer beurteilen
musste ? - Für uns steht fest: Die Episoden werden nach Möglichkeit nicht unter-
brochen, und die Verbindungen zwischen ihnen werden weit mehr durch die Mittelpunktfigur als durch ihre Zusammengehörigkeit untereinander hergestellt. Alle
Antizipationsmöglichkeiten, die im Herkommen der Courasche lägen, werden ver-
passt. Die Courasche führt ihr Herkommen nicht einmal dann an, als es sie aus
den Händen des Majors befreien könnte; denn sie soll wurzellos und unabhängig
sein, durch nichts in ihrer durch die Schelmengattung garantierten Freiheit be-
hindert. -
      Der Passivität des Simplicissimus, der schicksalhaft durch die Determi-
nanten des Herkommens und der Erziehung gebunden bleibt, ist die Autonomie
der Courasche entgegenzustellen, die sich selbst und Springinsfeld im Ehekon-
trakt zukünftiges Handeln vorschreibt. Der Abstand des Einsiedler-Erzählers
gegenüber seinem schlecht angelegten Leben hat sich in die Identität zwischen
der alten Erzählerin Courasche und der jungen unbekümmerten Libussa verwandelt - die Selbstironie des Simplicissimus macht der Selbstzufriedenheit Platz,
welche die Ursache für die physiognomische Eindringlichkeit und einhellige Wirkung ist; der Kraftüberschuss aus diesem kritiklosen Einverständnis mit sich
selbst geht als Anrempelung des Simplicissimus, des Lesers (Kap. I!) und des
Philarchus nach aussen. Auch in Simplicissimus erlahmt zuweilen der Wille zur
Selbstkritik (im moralischen Kontext gleichbedeutend mit Selbsterkenntnis): Es
gibt so selbstvergessene Partien des Erzählens, wo der abgeklärte Einsiedler
in den Jäger Simplicissimus hineinschlüpft. Das naiv-überzeugende an diesem
Vorgang ist, dass der Erzähler nochmals seine Geschichte erlebt, sich ver-
sündigt, vergisst, der Welt überlässt, sich auffängt und reflektiert. Durch den
Erzähler, der an der rätselhaften Welt in dieser befangenen Weise teilhat, ist
die Improvisation, das Ausweiten und Abschweifen tief begründet.
      In der 'Courasche' ist diese reizvolle Doppelexistenz des simplicianischen
Ich-Erzählens aufgegeben. Die Erzählerin hat weder den Abstand zu sich selber
noch das menschenwürdige Staunen und die Selbstvergessenheit des Simplicissimus: Mit der schelmisch-trotzigen Selbstbejahung ist der Umriss der Geschichte
folgerichtig auf die Exempel für ihr nie erlahmendes Verlangen nach 'allerley
Schelmenstücklein' eingeschränkt. -
      In der 'Courasche' durfte sich, wir sagten es schon, keine selbständige
Nebenhandlung neben der Haupthandlung entfalten. Die Nebenlinien laufen unsichtbar unterirdisch neben der Hauptlinie mit, bis sie (selten) mit ihr verknotet
werden (der Major und der dänische Rittmeister kreuzen ihren Weg zweimal,
die Amme mehrmals). Es füllt dann auf, wie flüchtig die Kontakte bei der ersten
(resp. zweiten) Begegnung sind, so dass man diese Komposition am ehesten mit
einer handwerklichen Gewohnheit Grimmelshausens zu erklären geneigt ist. Man
vergleiche daneben den glückhaften Schreck, der im 'Simplicissimus' von der Begegnung mit Herzbruder (IV, 2 und IV, 25) ausgeht und einen Umkehrpunkt in

der Frömmigkeitsgeschichte des Simplicissimus darstellt. Die Courasche hingegen gibt sich in der Erzählung den Anschein, als ob ihr Leben ohne das Dazwischentreten des Majors und Rittmeisters keine wesentlich andere Richtung genommen hätte.

In diesem unverzweigten Erzählablauf sind die vom Dichter vielleicht eingeplanten Symmetrien und Harmonien nur schwer nachzuweisen. Streller (a.a.O., S. 47 ff) ermittelt zwar sich gegenseitig überlagernde Vierer-Fünfer-Siebner-Neuner- und Dreizehnerperioden; man wird aber solche Systeme mit grösserer Berechtigung im 'Simplicissimus' nachrechnen, dessen Schichtenstruktur offen liegt, dessen Ausrichtung auf die Planetensymbolik zumindest wahrscheinlich ist und in dem auch kleinste Abschnitte thematisch angeordnet sind: Die Arbeiten des Einsiedlervaters betreffend, werden zuerst die Verrichtungen des Werktags, dann die des Sonntags aufgezählt.

Die Sonderstellung der Protagonistin Courasche zum Erzähler Grimmelshausen erklärt mehr von der Leuchtkraft dieser Figur: Sie bedient sich, merkwürdig, einer der direkten Dichteraussage wesensverwandten ironisch-widerborstigen Argumentation; auch scheinen sich reale und fiktive Erzählzeit zu decken. Letztere ist aus den Angaben des Philarchus im 'Springinsfeld' zu erschliessen (S. 37: 'Ich war damals mit der Courage Lebens-lauff allbereit fertig'. Tags zuvor: 'Damals war ich allbereit in vierzehn Tagen nicht mehr aus den Kläidern kommen.' S. 29: 'Also hatte ich die zween ersten Täge anderster nichts zu thun als zu lesen / (. .) den dritten Tag (. .) wurde es unversehens Alarm'). Rechnet man für die Reise über die Schwarzwaldhöhen vier bis fünf Tage, dann bleiben als Erzählzeit acht bis neun Tage, an denen die Courasche dem Schreiber in vier Stunden jeweils drei, vier Kapitel diktiert hätte (so genau wird präzisiert - Spri. S. 34!). - Ich vermute schon aufgrund der Sorgfalt in der zeitlichen Bestimmung, dass diese Angaben in irgendeinem Zusammenhang zur wirklichen Entstehungszeit des Romans stehen, der schnell und in einer grimmig-humoristischen Laune niedergeschrieben worden wäre.

Der 'Simplicissimus' hat eine nachweisbar viel längere Entstehungszeit, seine Wurzeln reichen in den Plänen und Entwürfen vielleicht bis in die Musketiererzeit Grimmelshausens (im Regiment Schauenburg) zurück. Entsprechend ist für ihn eine viel längere fiktive Entstehungszeit angenommen: Er ist in langen Jahren aus der Kontemplation auf der Insel Mauritius herausgewachsen; bei der Ankunft von Joan Cornelisson sind seit der Strandung bereits über 15 Jahre vergangen. 'Springinsfeld' wurde von Philarchus nach der Zusammenkunft vom Neujahr 1669/70 niedergeschrieben und im gleichen Jahr herausgegeben. So die Fiktion und wahrscheinlich auch die wirkliche Entstehungsgeschichte.

Grimmelshausen mischt als echter Erzähler viel von seiner Persönlichkeit, von seinen Gedanken und privatem Erleben in die Dichtung ein. Dies drückt sich dann äusserlich wie hier in solch zeitlicher Kongruenz oder anderswo, im anagrammatischen Versteckspiel 70) oder etwa im Bemühen aus, die Simplicianischen Figuren an den eigenen Wohnort zusammenzuführen und in die Gegenwart (von 1669/70/72) hinüberzuziehen. Auf den letzten Seiten der 'Courasche' werden noch Hinweise gegeben, die ihre spätere 'Vergegenwärtigung' möglich machen. Denn Wassenberg wurde nur für die Jahre bis 1634 benutzt; und mit den Offenburger Einquartierungen, der Schlacht bei Herbsthausen (1645) und dem

Zug Torstensons nach Böhmen war erst das Jahr 1646 erreicht. Die vielen Zwischenjahre werden nun gerafft in dem Satz: 'Mit diesen Leuten habe ich gleichsam alle Winckel Europae seithero unterschiedlichmal durchstrichen . . .' (S. 147), so dass man sich über die Anwesenheit der Courasche im Herbst 1669 an der Schiltach (bei Offenburg) und 1672 im Peterstal weiter nicht verwundert.

Wir holen weiter aus mit der Frage nach dem Platz des Dichter-Erzählers in den barocken höfischen Romanen, um danach die Originalität von Grimmelshausen von dieser Folie idealisierender Dichtung abzuheben.

G. Müller zeigt in seinem Aufsatz über die 'Höfische Kultur' 71) am Beispiel der 'Argenis' (Barclay-Opitz) und der 'Aramena' (Anton Ulrich) die Einschichtigkeit der höfischen Romane. In der 'Argenis' sind 'das Ritterliche und Amouröse, das Abenteuerliche und das Gesellschaftliche höfisch-politisch orientiert und gerade damit entscheidend bestimmt. ' Undenkbar, dass der Dichter den höfischen Roman durch eigene Willkür, Spontaneität, Ironie aufrauhen würde. Er tritt gleichsam mit der Vollendung des Werks aus ihm zurück. Im 'Arminius' (Rhemetalcesgeschichte) 72) sind der thrakische Königs- und der Priesterpalast mit den erstickend üppigen Zimmern und Fluchten Labyrinthe, in denen den Leser Klaustrophobie befällt, weil alle Zugänge nach aussen, zum Dichter oder nur einem andersartigen Menschen versperrt sind.

In der 'Assenat' von Zesen, der 'heiligen Stahts-Lieb-und Lebens-geschicht' Josephs, waltet Gott mit seiner Vorsehung wie ein Staatsmann über seine Untertanen, wie denn auch sein Wirken mit dem der Fürsten verglichen wird (S. 152). Die analogische Beziehung gilt auch umgekehrt: 'Ich heisse Farao: und ihr (Joseph) solt Zafnat Paaneach / das ist Heiland der Welt / genennet werden. ' (S. 198) Das Volk streut Joseph Palmzweige auf den Weg. Die Hochzeitsfeierlichkeiten sind ein Teil des Staatslebens, in der Massenhochzeit ordnet sich die Innenpolitik und mit der Hochzeit des libyschen Königs und der Pharaonentochter Nitokris (deren Gefühl in diesem Stilrahmen der Staatsräson nicht widersprechen darf) stabilisiert sich die Aussenpolitik Aegyptens. Josephs Frau, Assenat, die Christin geworden ist, wird nach ihrem Tod mumifiziert. Auf die Mumie schrieb man: 'Jehovah' (S. 307). Hier kündigt sich der Zweck des Romans an, der auf die Verschmelzung der Religionen und Kulturen zielt. Nichts anderes war es, wenn Joseph als Christ eine ägyptische Gartenanlage (S. 110) mit ägyptischen Gottheiten als figürlichem Schmuck baute, nämlich der Versuch, alle Vorstellungen in einer politischen, religiösen Einheitsvorstellung aufgehen zu lassen. Mit dem Tod Josephs wird sein Wirkungsbereich über die umliegenden Länder ausgedehnt; in der Stiftung des Joseph-Kults kommt das Umfassungsbestreben zu seinem Ende. Der Schauplatz des Romans weitet sich zu dem gigantischen Symbioseraum der Kulturen aller Zeiten. Die Rechnung geht in diesem Fall so glatt auf, dass es der Erzählerpersönlichkeit nicht bedarf, in der sich sonst die Widersprüche, das Unauflösbare versöhnen, dass sie nur stören würde.

Grimmelshausens Josephsroman ist viel schlichter, privater. Das Erzählertemperament setzt sich ironisch, vexierend, kommentierend, aber durchaus im Widerstreit mit den Stilprinzipien des barocken höfischen Romans von seiner Geschichte ab. Der Dichter zerbricht - und das gilt nun für fast alle Romane - die Einheit zugunsten einer widerspruchsvolleren Ordnung, einer Liberalität, in der alles Menschliche Platz findet. Er kann sich seiner Geschichte nur

in loyaler, ganz persönlicher Weise bemächtigen. Man lese die folgende Probe:
'Diss und anders mehr / wie es möchte hergangen seyn / bilde ihm ein
jeder nur selbst ein / so gut er kan / und nach seinem Belieben / dann ich finde
nichts darvon geschrieben / so bin ich ja auch nicht selbst darbey gewesen / dass
ich alles so specifice hätte anmercken und beschreiben können; Und wann ich
schon dabey gewest / und oben an gesessen wäre / so hätte ich mich doch ohn
Zweifel so bald / als sonst einer / so blind Stern voll gesoffen / dass ich mich
gleich des andern Tags alles dessen / was geschehen wäre / nicht mehr / ge-
schweige jetzt / da schon über 3390. Jahr seither verflossen / zu erinnern ge-
wust hätte; Dann ich kenne meine dürre Leber gar zu wohl.' (S. 116/117 - vgl.
auch S. 72 dieser Arbeit)

Auch im 'Simplicissimus', im 'Vogelnest', im 'Ewigwährenden Calender'
gibt es solche Stellen romantischer Ironie (z. B. heisst es über den Besenflug
nach Magdeburg: 'Und wers nicht glauben will / der mag einen andern Weg ersin-
nen / auff welchem ich auss dem Stifft Hirschfeld oder Fulda (. .) in so kurtzer
Zeit ins Ertz-Stifft Magdeburg marschirt seye!' (S. 147) Der Vogelnestträger
hindert einen liederlichen Geistlichen daran, sich an einer Frau zu vergreifen:
'(ich) nam ihn untern Arm wie eine Feder / (dann er war gar leicht / wie auss
seinem Diskurs zu vermercken) und fuhr mit ihm zur Stubthür hinauss in Hof /
. . .' (S. 45) 'Ew. Calender' (S. 29): 'Dieses lieber Simplici, erzehle ich nit
dass ichs eben glaube / . . .'

(S. 4): 'Saltz Fleisch ein Lamperti / Mach Würst post festum Martini /
(Nota / du kansts aber auch wol anstehen lassen)' (Vgl. auch die Kapitelüberschriften in Simpl. IV, 26; II, 13; I, 20.)

Ebenso sind die zahlreichen Aeusserungen über die 'History' (S. 97/17/319) -
womit die biographisch begrenzte Lebensgeschichte des Simplicissimus und der
Courasche gemeint ist - zu solchen ziemlich unverhüllten Aussagen der Dichter-
persönlichkeit zu zählen, sie geben die Notwendigkeit für den Dichter an, das Ge-
schaute unmittelbar, persönlich, mitzuteilen. -

Die Verdrängung des Dichters (im Autor Phil.) aus der 'Courasche' bedeutet nun natürlich - trotz stilisierender Rhetorik - keine Annäherung an ein
höfisches Stilideal. Im Gegenteil. Die Erzählerenergie und -willkür ist nur ganz
auf die Heldin übergegangen. Die Courasche setzt sich - wenn auch gewaltsamer -
wie sonst Grimmelshausen gegen ihre Geschichte durch; sie wehrt sich in einer
Vorrede gegen die Spötter wie Grimmelshausen im 'Satyrischen Pilgram' gegen
Momus und Zoilus und absorbiert damit als Gestalt Energien, die sonst beim Dichter blieben. Mit scherzhafter Anspielung auf den Topos des uralten Epikers, dessen sich Grimmelshausen mehrfach bedient, antwortet sie (im 'Ratstübel Plutonis')
auf die Drohung von Secundatus: 'Ha mein Sohn / sei nicht so bös / wir sind nicht
Stehlens halber herkommen, sondern dich und deinen Vater auf diesem Hof zu be-
suchen, den ich schon wohl in tausend Jahren nicht mehr gesehen' (S. 620). Sie
bedient sich des gleichen Abschlusstopos wie Grimmelshausen (unter eig. Namen)
im 'Satyr. Pilgram', nur aus Papiermangel könne aus der grossen Auswahl von
'Stücklein' bloss noch ein einziges zum besten gegeben werden. Man vergleiche
weiter: 'Satyr. Pilgram' S. 54: 'Indem mir aber noch so viel weiss Papier übrig-
bleibt . . .' 'Courasche' S. 144: 'Demnach ich sehe / dass mein Schreiber noch
ein weiss Blatt Papier übrig hat / . . .'

(In der Springinsfeld-Biographie mit ihrer oberflächlichen Aufzählung von
Namen und Ereignissen vermisst man diese Energie. Der Held vermag sich weder
seiner Lebensgeschichte zu bemächtigen noch darüber nachzudenken. Als Mitläu-
fer und Nachzügler im Krieg bekommt er oft gar keine individuelle Biographie. Er
ist als Ehemann so gleichgültig und in der Nutzung des Vogelnests so feig, dass
man sich fragt, ob sich dahinter nicht die (vorübergehende) Ermüdung des aus-
geschriebenen Schriftstellers verbirgt.)

2. IRONIE UND HOHN

Bis jetzt wurde ein eindeutiges Werturteil über die 'Courasche' zurückge-
halten. Diesen doch allzu einseitigen Roman an den 'Simplicissimus' - dieser ist
von weltliterarischem Rang - heranzurücken, scheint unangemessen. Hochschät-
zung gebührt der 'Courasche' nur mit wichtigen Einschränkungen, die auf eine
Besinnung auf das entscheidende Gattungsmerkmal der Ironie abstellen; denn in
jedem Roman ist Ironie in irgendeiner Abschattierung wirksam, und sie muss sich
schon in der Lebenshaltung des Erzählers manifestieren, soll der Roman überhaupt zustande kommen.
Ironie ist ein Lebens- und Kunstprinzip auch der Frühromantik. Sie ist
die Stimmung, 'welche alles übersieht, sich über alles Bedingte unendlich erhebt,
auch über eigene Kunst, Tugend oder Genialität' (Friedr. Schlegel). Aus der
notwendigen Perspektivität des menschlichen Erkennens, Darstellens, Handelns
zieht der schöpferische Geist durch unendliche Ueberspiegelung der Perspektiven
ein gleichsam göttliches Schöpfererlebnis. - Die Frühromantik verehrte die Prosa
und den Roman abgöttisch, denn in ihm fand sie die von ihr geforderte Durchdrin-
gung von Leben und Kunst, indem der Roman die Auseinandersetzung der Kunst
mit der Welt, das Formschaffen in sich hineinnimmt. Auch Lukacs stellt, wie
wir sahen, diese Seite des Romans heraus, was man heute etwas einschränkt,
weil man schon in der Fabel (plot), ja schon in der Geschichte (story) einen
künstlerischen Formwillen und ein Auswahlprinzip am Werk sieht. Zweitens aber
entsprach die für den Roman charakteristische Mittlerposition des Erzählers, die
sehr hohe Warte, von der aus die widersprüchlichen Komplexe sich zusammen-
schlossen, den romantischen Vorstellungen von einem schöpferischen Geist und
von Ironie. - (Im 'Simplicissimus' ist Ironie der Ausdruck dafür, dass das Aus-
einanderklaffen von Ideellem und der Wirklichkeit als Notwendigkeit erkannt und
(im Humor) anerkannt worden ist; der Dichter dehnt die Ironie auf sich selber
aus und erweist dadurch die unaufhebbare Subjektivität des dichterischen Vor-
habens, aber in seinem Humor (als Spielform der Ironie) steckt gleichzeitig der
Glaube, dass über allen Positionen eine heile Welt steht.) -
Das Zeitbedingte an Schlegels Ideen ist die Ansicht, im Roman werde die
Steigerung des willkürlich schaltenden schöpferischen Ichs demonstriert, Ziel sei
letztlich die Entfaltung des eigenen absoluten Ichs zu schrankenloser Universalität.
Das Allgemeingültige: Die Beobachtung der grundsätzlichen Offenheit des Romans,
seiner gattungsbedingten Schichtung in verschiedene Ebenen, die in nicht restlos
aufzulösender Weise interferieren und sich gegenseitig transzendieren; und die

Bezeichnung der Ironie als Mittel, im Fluchtpunkt der Unendlichkeit die Einheit, die Ganzheit eines runden Kosmos herzustellen. In der Ironie werde die schulmeisterliche Entscheidung, ein letztes und damit einschränkend-ungerechtes Urteil über die Dinge hinausgeschoben. Aber die Frühromantiker verbinden mit der Ironie eine eigenartige Standpunktlosigkeit, indes der Roman in seiner historischen Entfaltung häufig eine sehr hohe Menschlichkeit und Wärme, eben Humor ausstrahlt. Typisch für den Romanerzähler ist sein höheres Alter, das mit seinem geweiteten Bewusstsein von dem, was möglich sei, alles Menschliche, Erfahrungen, Zustände, Bemühungen mit Toleranz aufzunehmen vermag. -

Im 'Simplicissimus' ist ein humoristischer Erzähler am Werk. Lächelnder Humor liegt über der ersten Begegnung des Einsiedlers mit dem entlaufenen Simplex, wo Vater und Sohn mit ihren Machtmitteln Kreuz und Dudelsack gegeneinander einschreiten und auch im nachfolgenden Gespräch über Herkunft und Bildung, als schönstem Beispiel im ganzen Roman. Durch den Humor werden das didaktische Anliegen, die Tendenz und die Welt zu einem unentwirrbaren Lebensknäuel zusammengesponnen. Ist die peinliche Szene, wo der böse Geist im exorcisierten Menschen in Einsiedeln die zum Teil lächerlichen Schandtaten des Simplicius ausbringt, zum Lachen? Oder sind sie ernst gemeint? Was bedeuten die Sätze am Ende des 18. Kapitels im zweiten, am Ende des 15. Kapitels im sechsten Buch für den Aberglauben Grimmelshausens? Was heisst es, wenn er die Bibelstelle in Matth. 6, 26: 'Sie sähen nicht, sie ernten nicht, sie sammeln nicht in die Scheunen; und euer himmlischer Vater nährt sie doch', in Anwendung auf die Merodebrüder abwandelt in: 'Sie wachen nicht / sie schantzen nicht / sie stürmen nicht / und kommen auch in keine Schlachtordnung / und sie ernehren sich doch'? Man soll es nicht wissen. Paradigmatisch für die Eindringlichkeit und das Vermögen des Humors, das Entlegenste zusammenzubinden, in ein Bild, in einen Satz und ganz ohne Härten zusammenzuschliessen, ist die Nachtigallennacht, in der Simplicissimus den Soldaten, die Knans Hof brandschatzen, davonläuft: 'Dahero verbarg ich mich in ein dickes Gesträuch / da ich so wol das Geschrey der getrillten Bauren / als das Gesang der Nachtigallen hören konte / welche Vögelein sie die Bauren / von welchen man theils auch Vögel zu nennen pflegt / nicht angesehen hatten / mit ihnen Mitleiden zu tragen / oder ihres Unglücks halber das liebliche Gesang einzustellen / darumb legte ich mich auch ohn alle Sorge auff ein Ohr / und entschlieff.' (S. 20) Dieses Nebeneinander-Stehen-Lassen von menschlichem Unglück und Naturgesetz der göttlichen Schöpfung, das als Lebenshaltung nur dem Weisen gelingt, ist hier ein Versprechen für den tumben Simplicissimus, der es jetzt aus seiner Einfalt heraus vermag, es später aus Einsicht zu vermögen. Im Humor entfaltet sich der Beziehungsreichtum des Romans, er ist doppelt Bindeglied für die auseinanderklaffenden Ereignisse (Plünderung und Nachtigallengesang) und die entfernten und doch so verbundenen Anfangs- und Endstufen des Toren und Einsiedlers Simplicissimus.

Unter diesem Gesichtspunkt des Humors, des Beziehungsreichtums, der Tiefensicht, erweist sich eine gewisse menschliche Unterlegenheit der 'Courasche'. Suchte man den Humor zunächst wie beim 'Simplicissimus' als Leiter zwischen der 'Intentionslinie' der Heldin und dem realen Ablauf ihrer Biographie, so fiele die geringe Spannung zwischen beiden, das geringe Gefälle der Ironie auf: Denn das, was Ironie und Humor hervorruft, der Zusammenprall zweier Systeme (wie

im Parzival) oder von System und grenzenloser, offener Wirklichkeit (allgemein
in der Romankunst seit Cervantes, Rabelais, Grimmelshausen), ist nicht in die
Heldin, ja nicht einmal in den Roman verlegt. Die in der 'Courasche' begegnende
Komik ist so gesehen Situationskomik auf dem platten Boden, meist erotischer,
frivoler oder grobianischer Art und gar nicht hintergründig. Dazu gehört z. B. ,
wie der Courasche fast der Spitzname 'General-Fartzerin' angehängt wird. (S.
94) Oder: Der Rittmeister hält Courasche wegen ihrer Verkleidung für einen
treuen Pagen, obschon für ihre Treue ganz andere Motive vorliegen (S. 22).
Springinsfeld tut dem Fähnrich einen andern Dienst, als er selber meint, wenn
er ihm das Pferd einfängt. Die Nähe zum verstandeskalten Witz ist evident. Oder
auch: Die Bauern rücken (Kap. 27) nicht einem Drachen, sondern einem sanften
Lämmlein auf den Leib, wenn sie den Hof abbrennen. Als laszive Anspielung: Courasche hat für jeden ein Stück Fleisch, ob ers roh, gesotten, gebraten oder lebendig will (S. 87). Als Metapher: Der Ausschlag der Geschlechtskrankheit ziert
Courasche wie 'der lustige und fröliche Frühling den gantzen Erdboden mit allerhand schönen wohlgezierten Blumen' (S. 128). In den Litotes ist die Spannung
rein sprachlich-wortspielerisch: Courasche sei in der Jugend nicht hässlich gewesen (sie war verführerisch! Spri. S. 26). Sogar das Thema der Verkehrten
Welt wird in der 'Courasche' in einem nicht weiter bedeutungsvollen Wortspiel,
basierend auf dem hervorgehobenen Wortgegensatz leben-sterben, übergangen:
'So verkehrt nun gehets in der Welt her / andere nehmen Weiber mit ihnen ehe-
lich zu leben / dieser aber ehelichte mich / weil er wuste dass er solte sterben! '
(Normalstellung für Grimmelshausen wäre: 'sterben solte'! - vgl. S. 46 m. A.)
  Sobald der Dichter die biographische Linie von der 'Intentionslinie' der
Courasche, wenn auch nur wenig, abrückt, wird das Geschehen sofort ironisch-
spannungsreich, es liegt mehr Unausgesprochenes dazwischen, das der Leser
mit seiner Phantasie ausfüllen muss. Das gilt sogar für das frivole Thema: (Courasche spricht:) 'Ehe nun solcher (Gottesdienst) gar geendigt war / stellte sich
mein Spring-ins-felt auch ein; Ich weiss aber darum nit / warum? kan auch schwer-
lich glauben / dass ihn die Gottesfurcht dahin getrieben / dann ich hatte ihn nicht
darzu gewöhnet' (S. 102) - Springinsfeld emanzipiert sich in diesem Augenblick
von der Courasche (die Kirche gilt allgemein als Kupplerstätte) und wir erraten
schon etwas vom Folgegeschehen (Trennung).
  Sucht man den Humor wie im 'Simplicissimus' als Bindeglied zwischen
moralisch-ethischer Forderung und der fast empirisch aufgenommenen Wirklichkeit, zwischen System und Chaos als widersprüchlicher Fülle des Lebens, so gilt
das folgende Verständnis: In der 'Courasche' wäre eigentlich der ganze Lebenslauf ironisch zu verstehen und zwar in der schrillsten Ausprägung der Ironie: als
Hohn. Ihr chaotischer Lebenstaumel, ihre Schlechtigkeit und Bosheit, die jeder
Bekehrung spottet, sind ein Hohngelächter über den bedrängten Philarchus, über
den Leser, über den Simplicissimus-Dichter und seinen Glauben an die Menschen-
würde und an die Verpflichtung des Menschen, nach dem Guten zu streben. Der
sinnlose Krieg, die Erbärmlichkeit des starken Geschlechts, des Rittmeisters,
Leutnants, Majors, Springinsfelds und des Musketierers, die Narrenart der Ve-
nusdiener, die Unglaubwürdigkeit der Urkunden (S. 50), die Verlogenheit des
vielgelesenen Amadis usw. sind Zynismus, Hohn gegen den Erlösungsglauben, die
Liebe, die Hoffnung. Hohn ist die offenste, aggressivste Form der Ironie, das

Beziehungssystem zwischen Tun und Sollen, Realität und Utopie ist auseinandergebrochen. Der Bruch ist irreparabel, was in der romantischen Ironie trotz aller intellektuellen Schärfe und erst recht nicht im menschlich wärmeren, weisheitlichen Humor der Fall ist. Courasche möchte aus Hass mit ihrem Leben den Bruch, der mit Gut und Bös, Erwählt und Verworfen durch die Schöpfung geht, und deren Unvereinbarkeit predigen. Es gibt keinen Weg von der Weltverfallenheit zu sittlicher Verantwortung. Ihr Erfolg steht und fällt damit, ob es ihr gelingt, Simplicissimus als Unsereiner, als Verworfenen auszugeben, denn einen Weg hinauf gäbe es für ihn nicht.

Nur: Diese Spannung wird nicht immer mitgelesen! Die für das (spannende) Gleichgewicht tief- d. h. mehrsinniger Romane notwendige ethische Zielkraft ist, stilistisch zumindest, zu weit abgerückt. So kann die Handlung theoretisch nur einseitig Tendenz, oder, ungedeutet, Realismus im Sinne Beers sein.

Hohn ist psychologisch eine ungeheuerliche Projektion der eigenen Nöte und Unstimmigkeiten auf die Welt; aber die Courasche spricht oft mit Selbstzufriedenheit von ihren Streichen im Wettbewerb mit Simplicissimus um die Schelmenehre! Und es gibt in ihr einen Bereich (entspannten) volkstümlich-kauzenhaften Humors! Bedenkt man weiter, dass sich die Courasche für die glücklicheren Phasen in ihrem Leben, für ihre echte Liebe zum Hauptmann (ihrem vierten Mann) gleichsam entschuldigt, überspannt sie den Bogen, Hohn und Zynismus werden augenblicks zur Spielfigur relativiert. Und deshalb ist die 'Courasche', trotz aller geistlichen Bewegung, die man festzustellen glaubte, das lässlichste Buch Grimmelshausens. - In der Situationskomik hat der Humor eine niedere Fallhöhe, an den Stellen des Hohns zerbricht er; deswegen zeichnet die 'Courasche' nicht der Beziehungsreichtum, die metaphysische Spannung, die gedankliche Tiefe des 'Simplicissimus' aus. Sie unterscheidet sich von der arglos-genialen Hintergründigkeit des 'Simplicissimus', die zum Beispiel im Narrenbegriff vielschichtig fassbar ist; für die Courasche aber bedeutet 'Narr-sein' nichts anderes als 'unklug', 'nicht weitsichtig' sein. -

Die moderne Romantheorie stellt fest, in das Wesen des Romans gehe immer etwas Ideelles ein (Koskimies S. 137); in erstaunlich vielen Fällen sei eine Intention der Mittelpunktfigur nachzuweisen - ihr Zustreben auf utopische Vollendung, sagt Lukacs. - Koskimies bietet zur Klärung von Romanen, in denen diese Schichtstruktur der Fabel den Aufbau bestimmt, die Methode der graphischen Darstellung nach Weston an, die, um das Verhältnis zwischen Welt und Idee zu beschreiben, den faktischen Lebenslauf des Helden als bewegte Kurve gegen die ideelle, immer gleich hohe Linie der Intention abhebt. -

Die Intentionslinie im 'Simplicissimus' ist die des christlich verantworteten Lebens, das sich seiner Aufgabe in der Zeitlichkeit bewusst ist. Diese Linie christlichen Lebens ist für den Helden wie für den Dichter gleichermassen vorbildlich, also von sehr hoher Verbindlichkeit. Die biographische Lebenskurve des Simplicissimus deckt sich mit ihr am Anfang während der Erziehungszeit beim Einsiedler. Als Simplicius Simplicissimus entfernt er sich durch Hochmut, Verlust der kindlichen Einfalt um eine Stufe von seiner Bestimmungslinie; auf der langen Lebensstrecke von Soest nach Lippstadt, Köln, Paris nach Philippsburg um viele, die Beziehung ist, abgesehen von den schmalen, tiefen Ausschlägen der Reflexion und Selbstbesinnung, die bis zur Intentionslinie hinaufgehen, fast ganz gelockert. Auf Mauritius gleicht sich die Lebenslinie wieder völlig der erstrebten Ideallinie an.

In der 'Courasche' könnte man zwei Intentionslinien nachzeichnen, die angemasste des heidnischen Gerechtigkeitsvollzugs, der Rachsucht unten; oben, freilich nie recht greifbar, die absolut verbindliche moralische des Philarchus-Grimmelshausen, sozusagen aus den Simplicianischen Schriften durchgezogen.

Es ist selbstverständlich, dass damit der 'Courasche' mit ihrem engen Weltausschnitt nicht die gleiche Beispielhaftigkeit eignet, der gleich hohe künstlerisch-menschliche Wert zuzusprechen ist und wir ihr nicht den gleichen sittlichen Ernst schuldig sind wie dem Weltgedicht 'Simplicissimus'. An der 'Courasche' als Sonderfall der Simplicianischen Schriften lassen sich die meisten (sittlichen) Anliegen Grimmelshausens einfach nicht darstellen.

ANMERKUNGEN

1. Vgl. M. Feldges, Grimmelshausens Landstörtzerin Courasche, S. 124

2. Hingegen kann Grimmelshausens Anspielung auf die rachsüchtige Mörderin (Kp. 4) sowohl auf Bandellos 42. Novelle (Kurz / Kelletat) wie auch auf Francisci 'Die lustige Schau-Bühne', (I, S. 104) oder auf Harsdörffer, 'Schauplatz jämmerlicher Mordgeschichte' bezogen werden, wobei der Dichter auf jeden Fall selbständig (Weydt) den Handlungsort von Valencia nach Paris verlegt hätte - vielleicht in Analogie zu den entsprechenden Episoden im Simplicissimus.
   Ein Seitenblick auf Kirchhofs 'Wendunmuth' (Einleitung zu V, 94) ist nicht ausgeschlossen.

3. Fälschlich als Pseudonym für Andrea Perez geltend (so auch bei Weydt, Nachahmung und Schöpfung im Barock, S. 81)

4. Harsdörffer seinerseits greift mindestens in einer Novelle der 'Lust- und lehrreichen Geschichten' direkt auf die 'Exemplarischen Novellen' des Cervantes zurück. (Weydt, a.a.O., S. 69)

5. G. Weydt: 'Der deutsche Roman von der Renaissance und Reformation bis zu Goethes Tod' in: Deutsche Philologie im Aufriss, 1960, Sp. 1251. In Weydts Neuerscheinung: 'Nachahmung und Schöpfung im Barock' (1969) finde ich - bei einer im übrigen unveränderten Auffassung - eine Bemerkung über ähnlich gebauten Titel und Einleitung (S. 81)

6. H. Tiemann: Das spanische Schrifttum in Deutschland, 1936, S. 86

7. 'Justina', II, I, 12

8. Die Novelle selber ist italienische Zutat.

9. Zitate immer nach der Niemeyer-Ausgabe (hrsg. von R. Tarot)

10. Vgl. neuestens ein verwandtes, wenn auch verschlüsseltes Beispiel bei G. Weydt, a.a.O., S. 234. In der Weltabsage des Simplicissimus erweitert Grimmelshausen die Zahl der Krankheiten (12) und Todesarten (19) seiner Vorlage (Guevara-Albertinus) auffällig auf je 14: verdeckte Anspielung auf die lunarische Unbeständigkeit der Welt.

11. M. Bataillon: 'La picaresca' - vgl. Lit.verzeichnis

12. Eine derart schulmässige wie überspannte Beobachtung einer rhetorischen Regel fand ich bisher nur bei Quirinus Kuhlmann, Geschicht-Herald (1673): 'Wer hat dir, o Alexander, die Welt unterworfen? Di Ehre. Was hat euch doch, o Cyrus! o Cäsar! zu Adlern der Gewalt in der Lufft erhaben? Di Ehre. O Allerdurchlauchtigst-unüberwindlichstes Ertz-Haus-Oesterreich! Was hat deine Gütte dem Throne der Ewigkeit eingepräget? Di Ehre. ' (Gleiche Satzstruktur noch zweimal) (zit. bei Trostler, Euph. 21, S. 579)

13. Diesmal ein Detail wie im 'Simplicissimus', II, 31

14. Man vergleiche zusätzlich Anmerkung 62!

15. (Schwänke ganz in der Art des Till Eulenspiegel in Justina II, I, S. 142 ff)

16. WW 1953, S. 72

17. Dieselbe Darstellung noch einmal - in erweiterter Form - in: Weydt, Nachahmung und Schöpfung im Barock, S. 49 ff, zu Heraklit und Demokrit S. 49 ff und S. 77 ff.
Der Rahmen, den Weydt für die Entlehnungen aus Harsdörffer absteckt, reicht vom Nachtigallenlied, wofür zwei Morgenlieder Harsdörffers die Vorlage gebildet hätten, bis zur Beau-Alman-Episode, zur Julus-Avarus-Allegorie, zu Teilen der Olivier-Handlung; in der 'Courasche' zur Anekdote von der geretteten Keuschheit und zur Prügelszene mit dem Leutnant. (Vgl. aber Anmerkung 20)

18. WW 1953, S. 69

19. Vgl. Dt. Philologie i. Aufriss, Anmerkung 2 in Spalte 1256 - (korrigiert in: Weydt, Nachahmung und Schöpfung im Barock)

20. Weydt (a.a.O.), S. 91, stellt auch hier eine Harsdörffer-Vorlage zur Diskussion. Aber für die einzige inhaltlich bedeutende Abweichung von Moscherosch scheint mir eher die Raufszene mit der höhnisch-trotzigen und ebenfalls siegreichen Justina verantwortlich gewesen zu sein.

21. 'Gleich wie ich wol weiss / dass das Weib nicht aus des Manns Haubt / aber wol aus seiner Seiten genommen worden / also habe ich gehofft meinen Hertzliebsten werde solches auch bekand seyn / und er werde (. .) mich nicht / als wann ich von seinen Fussohlen genommen worden wäre / vor sein Fuss=Thuch / sondern vor sein Ehe=Gemahl halten / vornemblich; wann ich mich auch nicht unterstünde ihme auf den Kopff zu sitzen / sondern mich an seiner Seiten behülffe . . .' (S. 42)

Die pointierte und spontan wirkende Argumentation der Courasche scheint aber Allgemeingut der (moralisierenden) dt. Novellistik gewesen zu sein. Gedankenlos nachgesagt taucht sie z.B. in Kirchhofs 'Wendunmuth' auf (Bd. V, Nr. 94):

'Wiewol ihrer viel der Meinung seind (. .) Gott habe darum die Evam dem Adam nicht vom haupt genommen, dass sie nicht herr sein, auch nit von füssen, dass sie der Adam untertretten, oder für ein fussthuch halten, sondern hat sie auss seiner rippen einer (. .) gemacht (. .) dass sie einander hertzlich lieb haben solten . . .'

Früheste Erwähnung einer (paradiesischen) Gleichheit ohne Zweiheit beim spekulativen Eckhart (vgl. Quint, S. 106):

'Dô got den menschen machete, dô machete er die vrouwen von des mannes sîten, dar umbe daz si im glîch waere. Er machete sie niht von dem houbte noch von den vüezen (. .) daz si (im) glîch waere. '

22. Die von Grimmelshausen in den Kalenderschriften ebenfalls aufgegriffene

Gattung des Apophthegmas, der drei- bis siebenzeiligen geistreichen Kür-
zestgeschichte, gehört wie die Novelle (z. B. Harsdörffers) literatursozio-
logisch gesehen zur gehobenen und gelehrten Gesellschaft. (Vgl. Weydt,
a. a. O. , S. 154)

23. Hollen, Godscaldus   Preceptorium   Colon. 1489
    Poggio, Franc.   Facetiae   Basil. 1538
    Gran, Enr.   Gran specchio   Venet. 1613
    Brant, Seb.   Fabulae   Basil. 1501
    Montanus   Der Wegkürzer   Frankf. 1590
    Wolgemuth   500 frische u. ergötzliche Haupt=Pillen 1669
                          - Lyrum larum lyrissimum: 550 kurtzweilige Geschich-
                          ten (?)
                          - Der alle Zeit fertige Lustigmacher 1762

24. In diesem Zusammenhang ist wegen seiner interessanten Quellenkombina-
    tion auf den ersten Schwank in Va. Schumanns Nachtbüchlein mit ähnlichem
    Inhalt hinzuweisen, dem die Courasche vielleicht auch eine sprichwörtliche
    Redensart verdankt. Hier wird am Anfang vom Verkauf einer Katze in
    einem katzenlosen Land erzählt; im zweiten Teil erfolgt der Umschlag zu
    dem uns nun bekannten Schwank vom menschenfresserischen Kalb. Er-
    wähnenswert ist er deshalb, weil - wie gezeigt wurde - auch Grimmels-
    hausen im Bestreben, die überlieferten Anekdoten zu verlassen und reali-
    stisch aufzulösen, immer wieder unversehens in den Stoffkreis neuer Anek-
    doten gelangt. Die Technik der Schwankkontamination ist bei Schumann im
    16. Jahrhundert schon da, die Intention eine andere.
    Viele Beispiele - in einem andern Zusammenhang - bei Weydt. So wäre u.
    a. die Olivier-Handlung im 'Simplicissimus' in ihren wesentlichen Teilen
    durch eine Kombination dreier Harsdörffernovellen entstanden.

25. Die selbständigen Episoden konnten denn auch leicht von Christian Weise
    in seine 'Drei ärgsten Erznarren' aufgenommen werden (S. 201 - zit.
    S. 96 dieser Arbeit); der Diebstahl an der Casalschen Dame (Cour. XIX)
    erscheint dagegen in Beers 'Jucundus Jucundissimus' (Rowohlt 9, S. 90)

26. Damals waren der Zuckerbastel und seine Zunft in sprichwörtlichem Ge-
    brauch (vgl. Seminar M. Wehrli, Protokoll vom 25. IV. 67)

27. Sie erschien auch auf dem Titelkupfer der 'Landstürtzerin Justina' (editio
    princeps), ihrer Schülerin ein rebellisches: 'andad hijas' zurufend.

28. Nach Bechtold: Zur Quellengeschichte der Simplicianischen Schriften -
    vgl. Literaturverzeichnis.

29. Tabelle der Entsprechungen: Ernewerter Teutsche Florus - Courasche
                                (Tarot)

    S. 15 (2x)   S. 17/18
       16 (2x)   21   (2x)
       20   21
       22   21
       25   23

Tabelle der Entsprechungen: Ernewerter Teutsche Florus - Courasche
(Tarot)

S. 48 (2x)	S. 27/28
51	29
56	37
68	45
69 und 71	47
111	58
118	60
119	60
125	71
179	76
185	111
190	116
290	123
291	123
332	123
335	124

30. Vgl. aber auch Aeg. Albertinus: Gusman (S. 262)! - zit. auf S. 74 in dieser Arbeit

31. Leben und Wirken der Zigeuner werden erst im 'Springinsfeld' dargestellt, um das Interesse nicht von der Zentralfigur abzulenken.

32. Es gilt nachzutragen: Der Schwank, dass die Courasche Simplicissimus ein Kind unterschiebt (Simpl. V, 9 und Courasche XXIV) und er dadurch über Nacht dreifacher Vater wird, stammt aus Balthasar Venators Sittensatire auf den Zweibrücker Hof (Traumgeschicht von Dir und Mir, 1660).

33. Die zwei zündenden Schwänke mit der unter Wasser gesetzten Apotheke (Cour. S. 93) und dem blinden Pistolenschuss (Cour. S. 129) - beide vielleicht auch von Grimmelshausens eigener Erfindung - begegnen uns nur drei Jahre später in Weises 'Die drey ärgsten Ertz=Narren in der gantzen Welt', hrsg. von Braune, Halle 1967, S. 201:
'Einer klagte den Nachbar an, er habe einen Schweinsdarm mit einem Ende an dem Röhrkasten und mit dem andern an sein Kellerloch geleget, dadurch der Keller voll Wasser worden . . .' -
S. 204: '. . . Gestalt ich eine Büchse mit Rindsblut geladen, und unversehens Feuer gegeben . . .' (vgl. Anmerkung 66)

34. Ich denke spez. an Niclaus Schmidt: 'Von den zehen Teufeln oder Lastern / damit die bösen unartigen Weiber besessen sind / '; an Aegidius Albertinus, Moscherosch, Schuppius: 'Die böse Sieben' 1662, aber auch an die enzyklopädisch-naturwissenschaftlichen Schriftsteller Hildebrand (Planetenbuch) und Garzoni (Piazza Universale)

35. Letztere (Nr. 32) aufgenommen in Thomas Murners 'Narrenbeschwörung' (vgl. Feldges, a.a.O., S. 49)

36. Aus Wolfgang Hildebrands 'Planetenbuch' kompiliert Grimmelshausen

96

selber im 'Satyrischen Pilgram' (im 'Gegensatz: Von Weibern') das anti-feministische Textstück: . . .'das Weiblich Geschlecht sey zanckisch / forchtsam / frevel / ungezähmt / hin lässig / gifftig / unerträglich / un-beständig / etc., allzeit wanckelhaftig / geitzig Art.'

37. Anderer Theil, Dritter Satz

38. Wie auch des Lorenz im 'Narrenspital' (1681)

39. Für dieses und die folgenden Beispiele vgl. H. Hartmann: Bemerkungen zu Strellers Theorie der Zahlenkomposition - vgl. Literaturverzeichnis.

40. Vgl. aber unten (S. 55 ff) zu Feldges

41. (Eine in höfische Liebes- und Hochzeitshandlung eingekleidete symbolisch-erbauliche Schrift.) Aber auch die Zahl 7 ist ambivalent und gilt zugleich als jungfräuliche Zahl, als Zahl von Christus, Kirche und Sakramenten - was erneut auf die Problematik ausschliesslich zahlensymbolischer Inter-pretation hinweist - denn auch mit dieser Methode ist der Zirkelschluss unausweichlich.

42. In der Optik von Feldges gliedert sich jede Einzelheit in den Aufbau nach dem vierfachen Schriftsinn ein, muss sich einfügen: Er sucht z. B. immer noch nach dem allegorischen Sinn der drei schwankhaften Episoden mit dem Susannenmann, mit dem menschenfresserischen Kalb und dem Zi-geunerdiebstahl (in XXVIII), weil er nicht an ein (zeitweiliges) Aus-setzen von Grimmelshausens Verantwortungsbewusstsein glaubt.

43. Cal. S. 207; Satyr. P. S. 65

44. Galgenmännlein, S. 798

45. Von dieser spanischen Novelle gab es eine zeitgenössische Versübersetzung von T. Ritzsch.

46. Cervantes: Das Zigeunermädchen, S. 48

47. Vgl. auch andere Stellen romantischen Humors im Simpl., zit. S. 87 in dieser Arbeit.

48. Vgl. Theodor Hampe, Die fahrenden Leute in der dt. Vergangenheit, Leipzig, 1902
- Friedrich Chr. B. Avé-Lallement, Das dt. Gaunertum, München/Ber-lin, 1914
- Herm. Arnold, Die Zigeuner, Walter-Verlag, Olten, 1965

49. Verantwortlichkeit der Männer für Charakter und Lebenswandel der Frau darf als barocke Binsenwahrheit gelten: Der Gewährsmann Grimmels-hausen, Aegidius Albertinus, schreibt im Gusman (S. 298): 'Das Leben der Männer ist ein Exemplar (Exempel?) ihrer Weiber / ists derwegen gut / so schlagen ihnen die Weiber nach: Ists aber böss / so seynd sie gleichfals böss . . .' Und noch skeptischer wird, dem Gedanken Garzonis folgend (vgl. Scholte, Der Simpl. u. sein Dichter, S. 103), der gute Ein-fluss der Männer auf die Frau im Satyr. Pilgram I, 10 beurteilt: Es werde

verschwiegen, 'dass nehmlich alle Jungfrauen vor dem Beyschlaff vor from / ehrbar / züchtig / keusch und tugendreich / gehalten / (. .) hingegen aber nur theils verehelichte oder sonst verfälte Weibs=Personen erst vor böss / lasterhafft und Untugend (!) geschätzt und gescholten werden / nach dem sie dem Mann sich zu ergeben angefangen; Darauss dann folgt dass die Weiber von Art nicht böss gewest seyn: Sonder sich erst verkehrt und ihre Bossheit und Untugenden von der Beywohnung ihrer Männer (. .) gleichsam Erbsweiss empfangen . . .'

50. Vgl. 'Simplicissimus', S. 283: 'dann wann sich einer selbst kennet / und weiss wo er her ist / und endlich hin kompt . . .'

51. Vgl. Aegidius Albertinus, 'Gusman', S. 327: (Plato beschaut sich im Spiegel, aber er tut es nicht aus Vorwitz).

52. Vgl. Gryphius im 'Leo Armenius': 'Laufft denn in der Zeiten ringe / Nichts als unbestendigkeit?'

53. Es bleibt eine nicht weiter auflösbare Ermessensfrage des Stilempfindens, ob hier das 'Hüt dich, hüt dich / dann GOtt der Herr / Der siht dir zu und ist nicht ferr' des 'Vogelnests' (S. 109) wirklich ertönt oder nicht.

54. Im zweimaligen 'zu spät' kann, wer mit den Simplicianischen Schriften vertraut ist, einen Hinweis auf die verlorene, schlecht angewendete Zeit herauslesen, aus dem 'da wird man erst gewahr' das Thema der Selbsterkenntnis, aus dem 'beklagt' das der Reue.

55. Kurz vor Springinsfelds Tod muss ihn Simplicissimus noch zurechtweisen: 'du alter Geck / es ist nit mehr um die Zeit die wir zu Soest belebten . . .' (S. 22)

56. Hanser, 1963, S. 263

57. Forster: Ansichten des Romans (zit. nach Martini, DU 1951, (3))

58. Vgl. auch S. 87 in dieser Arbeit

59. Diese Welt gestörten natürlichen Empfindens scheint ihrerseits polarisiert: Hexe / Heilige, Teufelin / Göttin, Groteske / Idylle

60. Die Prunkoper 'Il Pomo d'oro' (Apfel der Eris), zu Ehren der spanischen Infantin 1668 in Wien aufgeführt, entsteht in imponierender Unabhängigkeit von der Sagenüberlieferung (Sälzle). Den Pilgerrequisiten im 'Gusman': Ledersack, Mantel, Feuersteine werden willkürlich als Bedeutungen unterlegt: Glaube - Christliche Liebe - Christus und Heilige. Alte Embleme wie das des mit offenen Augen schlafenden Hasen werden (in den Emblembüchern!) einmal im Sinne der Ruhelosigkeit eines schlechten Gewissens (La Perrière), einmal als Sinnbild vorbildlicher Wachsamkeit (Camerarius) ausgelegt. Letzteres wieder überschneidet sich völlig mit der Löwenallegorie im 'Physiologus', der Camerarius in einer Amsterdamer Ausgabe von 1588 vorlag. In der spätern Emblematik häufen sich solche Abweichungen (Schöne, a.a.O., S. 23). Vom Synkretismus Zesens wird noch zu handeln sein. (Die abstruse Allegorik des barocken Manierismus

mit ihrem pseudo-magischen Analogiewahn, zu dem Hocke (a.a.O., S. 128) ein Beispiel über Jupiter-Attribute zusammenstellt, ist nur ein äusserstes und leichtsinniges Extrem dieser Geisteshaltung.)

61. Vgl. F. Brietzmann, a.a.O., S. 120

62. Im Anschluss an das Justina-Kapitel (S. 6 ff) ist der Nachweis von Belang, dass auch in die vieldeutige Gestalt der Justina Vorstellungen von der trügerischen Frau Welt eingegangen sind: 'Oder bin ich der erste Apffel / so auswendig schön roth und gesund / innwendig aber faul? . . . oder der erste Königliche Pallast / dessen eingang mit schönen Jaspis / köstlichen Porphyrn / den allerweissesten Alabaster und andern künstlichen Sachen geziehrt: Das innwendige aber voller Gestanck und Unflat / dessen man doch von aussen nit dz geringste spürt . . .' (I, 11).

63. Zur expressionistisch-drastischen Erzählweise gehören ebenso die Bewegtheit sonst ruhender Gegenstände (brechende Brücke, fallende Stadtmauer, schwimmende Medikamente, sich auflösendes Metall, geisternde Dornenbündel) wie der Eklat der Farben (petrarkisierend: Schneeweiss, Milchweiss, Silber, Gold; Signalrot, höllisches Schwarz)

64. S. 129. Denselben Schwank realisiert der bürgerliche Weise sprachlich mit gelehrtem (lateinischem) Zitat, bürgerlichem Euphemismus ('blosser Rücken'), etwas billigem Merkvers (kein Schalk ist, wer einem Schalk mit Schalkheit bezahlt) und zieht ihn (behaglich) in Einzelsätze auseinander: 'Sie kamen in das Hauss, da lag die Leiche, und war mit dem Rücken gantz bloss und voll Blut. Der Richter befand kein Leben da, drum befahl er dem Balbier, er solte darnach sehen, ob der Schuss tödlich gewesen oder nicht! (quasi vero non potius ex intentione agentis, quam ex effectu judicandum sit. Sed Mundus vult decipi . . . (. .) der Balbirer war fleissig drüber her, wischte das Blut mit warmen Wasser rein ab; doch da war keine Wunde, da man sich eines Blutvergiessens her vermuthen sollen. Der Rücken und was dran hangt, war unversehrt, und jemehr sie nachsuchten, desto weniger funden sie. In dem kamen die Häscher, und brachten den Thäter, der trat vor den Richter, und entschuldigte sich folgender Massen: Hochweiser Herr Stadtrichter. (. .), Dannenhero ich endlich gezwungen worden, ihn von dergleichen bösen und leichtfertigen Beginnen abzuhalten. Gestalt ich eine Büchse mit Rinds=Blut geladen, und als er, seiner täglichen Gewonheit nach, mit dem blossen Rücken meine Haussthüre angesehen, unversehens Feuer gegeben, und ihn so blutig gemacht, dass er sich leicht eines grössern Schadens hat befürchten können. Ist er nun vom Erschrecken gestorben, so mag man ihn mit was anders zu Grabe läuten. Ich bin auss aller Schuld.' Denn dieser ist kein Schalck, der einem Schalck mit Schalckheit bezahlt' ('Die drei ärgsten Erznarren', S. 203/4)

65. Vgl. Feldges, S. 54

66. Vgl. Kelletat, S. 107

67. Möglicherweise verbirgt sich auch im Zuwachs der Fremdwörter im

Kap. XXV (Offenburger Gerichtsfall) eine auf den Richterstand gemünzte Sprachsatire (Notarium, Sentenz, notivicirt, confisciren, procedirn, protestationes, Mobilia und ligende Güter, taliter qualiter).

68. S. 125 - es sind nicht die Güter des zweiten Mannes (= erster Hauptmann), wie Grimmelshausen irrtümlich schreibt, sondern des vierten (= zweiter Hauptmann).

69. Simplicissimus ist eine Experimentierfigur des Entwicklungs- oder Ideenromans, mehr erleidend als handelnd. Immer in neuen Verhältnissen, immer wieder ein anderer Mensch erscheint er als tumber Bauernbub, Novize, Hofnarr, Soldat, Venusnarr, Gelehrter, kuriöser Reisender, Pilger, Einsiedler; seine Psychologie reicht von der Mildtätigkeit und Offenherzigkeit in der Freundschaft mit Herzbruder bis zur Grobheit, mit der er seinen Pflegevater behandelt oder seine erste Frau verlässt (wenn man diese Motive psychologisch deuten dürfte und sie nicht lediglich gattungsbedingt wären: Eheliche und elterliche Bindungen müssen abrupt gelöst werden, damit der Held unbelastet davon neuem Schicksal und das heisst: neuer literarischer Gattung ausgeliefert werden kann); in seiner 'Frömmigkeitsentwicklung' wechseln Weltverlorenheit und Zerknirschung miteinander ab; für uns fast unbegreiflich wird die Sammlung des Simplicissimus auf dem Mooskopf gestört, das Bild der mystischen Insel in der 'Zweiten Continuatio' wieder verwischt. Simplicissimus erweist sich als proteushaft schillernde Gestalt, die dem Einfluss Baldanders bis zum Selbstverlust erliegt, als eine bis in die Extreme von Vogel- und Fischmensch, Christophorus und Wildem Mann dehnbare Phantasiegestalt, in die Grimmelshausen jede mögliche Welterfahrung hineindenkt:
'Ich wurde durch Fewer wie Phoenix geborn.
Ich flog durch die Lüffte! wurd doch nit verlorn,
Ich wandert durchs Wasser, Ich raisst über Landt,
in solchem Umbschwermen macht ich mir bekandt,
was mich offt betrüebet und selten ergetzt,
. . .'
Diese verschiedenen Gestalten könnte man, zunächst, unter den Begriff des faustisch strebenden Menschen subsumieren; aber Simplicissimus ist ein passiver Held, der wider Willen in den Krieg, und nur mit halbem Willen in die Einsiedelei getrieben wird; er strebt nicht nach dem Uebermensch-lich-Unfassbaren, sein Weg ist ihm durch die religiöse Erziehung beim Einsiedlervater vorbestimmt; und die Beziehungen gehen im Narrenmotiv in gewissem Sinn über seinen Kopf hinweg: In Hanau genügen die Soldaten und der Hof den klaren christlichen Forderungen, die der tumbe Knabe vertritt, nicht; geistliche Kritik der Stände, nicht Darstellung der Persönlichkeitsentwicklung ist intendiert (wie ähnlich im 'Parzival' die vom Helden peinlich verfolgten Regeln des Gurnemanz vor den Anforderungen der Gralsritterschaft versagen und Parzival vor allem als I d e e n t r ä g e r nicht genügt).

70. In der anagrammatischen Ortsangabe 'Fuchshaim' (im 'Simpl.') steckt eine Anspielung auf den wahrscheinlichen Spitznamen des Grimmelshausen;

im 'Melchior' (Einsiedler-Vater) eine Erinnerung an den Grossvater des Dichters mit gleichlautendem Namen (vgl. Weydt, a.a.O., S. 196)

71. In: Dt. Barockforschung, hrsg. von R. Alewyn, 1965

72. Lohenstein: Arminius und Thusnelda. 'Rhemetalcesgeschichte' abgedruckt in: Die dt. Lit. Bd. III, Barock - hrsg. von Schöne, S. 407-35, vgl. Literaturverzeichnis.

LITERATURVERZEICHNIS

QUELLEN

Grimmelshausens Courasche. Abdruck der ältesten Originalausgabe (1670) mit
den Lesearten der beiden anderen zu Lebzeiten des Verfassers erschienenen Drucke. Hrsg. von J.H. Scholte, Halle/Saale 1923 (= Neudrucke
deutscher Literaturwerke des XVI. und XVII. Jahrhunderts Nr. 246-248).

Hans Jakob Christoffel von Grimmelshausen, Lebensbeschreibung der Ertzbetrü-
gerin und Landstörtzerin Courasche, hrsg. von W. Bender, Tübingen 1967.
- Der Abentheuerliche Simplicissimus Teutsch und Continuatio, hrsg. von
R. Tarot, Tübingen 1967.
- Des Durchleuchtigen Printzen Proximi und Seiner ohnvergleichlichen Lym-
pidae Liebs-Geschicht-Erzehlung, hrsg. von F.G. Sieveke, Tübingen 1967.
- Des Vortrefflich Keuschen Josephs in Egypten Lebensbeschreibung samt
des Musai Lebens-Lauff, hrsg. von W. Bender, Tübingen 1968.
- Simplicianischer Zweyköpffiger Ratio Status, hrsg. von R. Tarot, Tübin-
gen 1968.
- Satyrischer Pilgram, hrsg. von W. Bender, Tübingen 1970.
- Der seltzame Springinsfeld, hrsg. von F.G. Sieveke, Tübingen 1969.
- Das wunderbarliche Vogel-Nest, hrsg. von R. Tarot, Tübingen 1970.
- Simplicianische Schriften, hrsg. von A. Kelletat, München 1958.
- Des Abenteurlichen Simplicissimi Ewig-währender Calender. Faksimile-
Druck der Erstausgabe Nürnberg 1671, mit einem erklärenden Beiheft
herausgegeben von K. Haberkamm, Konstanz 1967.

Mateo Aleman, Das Leben des Guzman von Alfarache, übertragen von R. Specht,
München 1964.
Heinrich Bebel, Facetiae, (Bibl. Lipsiensis) 1602
Johann Beer, Kurtzweilige Sommer=Täge, hrsg. von W. Schmitt, Halle/Saale 1958
Giovanni Boccaccio, Cento novella. Hundert newer Historien (. .) Durch den
weitberühmpten Poeten Joannem Boccatium beschrieben / sehr kurtzweilig
zu lesen, getruckt zu Franckfurt am Mayn / Anno 1566.
Miguel de Cervantes, Das Zigeunermädchen, (Reclam), Stuttgart 1963.
Johann Fischart, Geschichtklitterung, Text der Ausgabe letzter Hand von 1590,
hrsg. von U. Nyssen, Düsseldorf 1963.
Erasmus Francisci, Die lustige Schau=Bühne von allerhand Curiositäten, (M.
Endter), Nürnberg 1690.
Thomas Garzoni, Piazza Universale: Das ist: Allgemeiner Schauplatz / Marckt
und Zusammenkunfft aller Professionen / Künsten / Geschäfften / Händeln und
Handwercken / etc. Wann und von wem dieselbe erfunden: Wie sie von Tag zu Tag
zugenommen: Sampt ausführlicher Beschreibung alles dessen / so darzu gehö-
rig: Beneben deren darin vorfallenden Mängeln Verbesserung: Allen Politicis,
auch jedermänniglich / wess Stands der sey / sehr nützlich und lustig zu lesen:
Erstmahln durch Thomam Garzonum, Italiänisch zusammen getragen: Anjetzo
aber auffs treulichste verdeutscht / mit zugehörigen Figuren / und unterschied-
lichen Registern gezieret / und in Druck gegeben. Franckfurt am Mayn / In Verlag Matthaei Merians Sel. Erben. Im Jahr 1659.

Georg Philipp Harsdörffer, Heracljtus und Democrjtus: Das ist: C. Fröliche und
Traurige Geschichte: gedolmetscht Aus den lehrreichen Schrifften H. P.
Camus / Bischoffs zu Belley. benebens angefügten X. Geschichtreden /
aus Den Griechischen und Römischen Historien / zu übung der Wolreden-
heit gesamlet durch Ein Mitglied der Hochlöblichen Fruchtbringenden Ge-
sellschafft. Gedruckt zu Nürnberg / bey Michael Endter / 1661.

− Der grosse Schau=Platz jämmerlicher Mord=Geschichte. Bestehend in CC.
traurigen Begebenheiten. Mit vielen merckwürdigen Erzehlungen / neu üb-
lichen Gedichten / Lehrreichen Sprüchen / scharpffsinnigen / artigen /
Schertzfragen und Antworten / etc.
Verdolmetscht und mit einem Bericht von den Sinnbildern / wie auch hundert Exempeln derselben als einer neuen Zugabe / auss den berühmsten
Authoribus, Durch ein Mitglied der Hochlöblichen Fruchtbringenden Gesellschaft. Zum fünfftenmal gedruckt.
Hamburgk / Bey Johann Naumann / Buchhändler. Im Jahr 1666.

Wilhelm Kirchhof, Wendunmuth, hrsg. von H. Oesterley, Tübingen 1899.

Justus Lipsius, Von der Bestendigkeit (De Constantia). Faksimiledruck der
deutschen Uebersetzung des Andreas Viritius, nach der zweiten Auflage
von c. 1601, mit den wichtigsten Lesarten der ersten Auflage von 1599,
hrsg. von Leonard Forster, Stuttgart 1965.

Hanss Michael Moscherosch, Gesichte Philanders von Sittewald, hrsg. von Felix
Bobertag. Unveränderter fotomechanischer Nachdruck der Ausgabe Stuttgart 1883 (Deutsche Nationalliteratur, 32. Band), Darmstadt 1964.

Johann Pauli, Schimpf und Ernst, hrsg. von H. Oesterley, Stuttgart 1866.

Hans Sachs, Sämtliche Fabeln und Schwänke, hrsg. von E. Goetze, 2. Band,
Halle/Saale 1894.

Lopez de Ubeda, Die Landstürtzerin Justina Dietzin Picara genannt In deren wun-
derbarlichen Leben und Wandel / alle List und Betrug / so in jtzigen zeit
verübt und getrieben werden / und wie denselbigen zubegegnen / artig beschrieben. Beneben allerley schönen Sprüchen / Politischen Regeln / lehrhafften Erinnerungen / trewhertzigen Warnungen / und kurtzweiligen / an-
mühtigen Fabeln.
Erstlichen Durch Herrn Licentiat Franciscum di Ubeda von Toledo in
Spanischer Spraach beschrieben / unnd in zwey Bücher abgetheilt.
Nachmals von Baretzo Baretzi in Italianisch transferiert / und nun zum
letzten auch in unser hochteusche Spraach versetzt. Franckfurt am Mayn /
Gedruckt 1626/27.

− Der Landstürtzerin Justinae Dietzin Picarae II. Theil / Die frewdige Dama
genannt: In deren wunderbarlichem Leben und Wandel alle List und betrug /
so in den jetzigen Zeiten hin und wider verübet und getrieben werden / unnd
wie man denselbigen zu begegnen / sehr fein und artig beschrieben.
Beneben allerley schönen u. denckwürdigen Sprüchen / Politischen Regeln /
arglistigen unnd verschlagenen Grieffen u. Erfindungen / lehrhafften Erinnerungen / trewhertzigen Warnungen / anmutigen und kurtzweiligen Fabeln. Erstlichen durch Herrn Licentiat Franciscum di Ubeda von Toledo in
Spanischer Sprach beschrieben / und in zwey sonderbare Bücher abgetheilt.
Nachmals von Baretzo Baretzi in Jtalianisch transferiert: Und nun zum

letzten auch in unsere hoch Teutsche Sprach versetzt. Franckfurt am
Mayn / Getruckt / In Verlegung Johannis Ammonii Burgers und Buch-
händlers 1627.

Niclas Ulenhart, Zwo kurtzweilige, lustige, und lächerliche Historien, Die Erste,
von Lazarillo de Tormes, einem Spanier, was für Herkomens er gewesen,
wo, und was für abenthewrliche Possen, er in seinen Herrendiensten getrieben . . . Auss Spanischer Sprach ins Teutsche gantz trewlich trans-
ferirt. Die ander, von Isaac Winckelfelder, und Jobst von der Schneid, Wie
es disen beyden Gesellen in der weitberümten Statt Prag ergangen, was sie
daselbst für ein wunderseltzame Bruderschafft angetroffen, und sich in dieselbe einverleiben lassen. Durch Niclas Ulenhart beschriben. Gedruckt zu
Augspurg, durch Andream Aperger, In verlegung Niclas Hainrichs. 1617.

Balthasar Venator, Traum=Geschicht von Dir und Mir (vorhanden in der Zentralbibliothek Zürich, XXV 353), 1660.

Eberhard von Wassenberg, Der ernewerte Teutsche Florus Eberhard Wassenbergs,
Mit Animadversionen, Additionen und Correctionen deren in vorigen einge-
ruckten, ungleichen Historien widerum in vilen durch-auss verbessert, der
Wahrheit restituiert / und bis Anno 1647 continuirt . . . Amsteldam, Bey
Ludwig Elzevier . . . 1647.

Christian Weise, Die drei ärgsten Erznarren in der ganzen Welt, (Nachdruck der
1. Auflage von 1673) Halle/Saale 1967.

Georg Wickram, Rollwagenbüchlein, hrsg. von H. Kunz, Leipzig 1865.

Philipp von Zeesen, Adriatische Rosemund, hrsg. von Jellinek, Halle/Saale 1899.

- Assenat; das ist Derselben / und des Josefs Heilige Stahts=Lieb=und Lebens-geschicht, hrsg. von V. Meid, Tübingen 1967.

Amadis, 1. Buch, (nach der ältesten deutschen Bearbeitung), hrsg. von Ad. v.
Keller, Stuttgart 1857.

Celestina, Band 1, hrsg. von L. Schmidt, München und Leipzig, 1909.

Till Eulenspiegel, Abdruck der Ausgabe von 1515, hrsg. von H. Knust, Halle/
Saale 1884.

Theatrum Europäum oder / Aussführliche und Warhafftige Beschreibung aller und
jeder denckwürdiger Geschichten / (. .) Beschrieben durch M. Joannem
Philippum Abelinum Argentoratensem. gedruckt zu Franckfurt am Mayn /
bey Daniel Fievet 1662.

Leben und Wandel Lazaril von Tormes: Vnd beschreibung, Wass derselbe fur vn-
glück vnd widerwertigkeit aussgestanden hat. Verdeutzscht (Breslau) 1614.
Nach der Handschrift herausgegeben und mit Nachwort, Bibliographie und
Glossar versehen von Hermann Tiemann für die Maximilian-Gesellschaft
in Hamburg, Glückstadt 1951.

Visiones de Don de Quevedo. Das ist: Wunderliche Satyrische und Warhafftige Gesichte Philanders von Sittewalt. In welcher Aller Welt Wesen / Aller Menschen Händel / mit jhren Natürlichen Farben der Eytelkeit / Gewalts /
Heucheley und Thorheit / bekleidet: offentlich auff die Schaw geführet /
als in einem Spiegel dargestellet / . . . Anno 1645. (sog. Pseudo-
Moscherosch. Vorhanden in der Zentralbibliothek Zürich, Ch 314).

Die deutsche Literatur, Texte und Zeugnisse, Bd. III, BAROCK, hrsg. von A.
Schöne, München 1963.

LITERATUR

Richard Alewyn, Grimmelshausen-Probleme. In: Zs. f. Deutschkunde 44 (1930).
- Das grosse Welttheater, (rde), Hamburg 1959.
- Johann Beer. Studien zum Roman des 17. Jahrhunderts, Palaestra 181, Leipzig 1932.
Marcel Bataillon, 'La picaresca'. Apropos de la picara Justina. In: Wort und Text, Festschrift für F. Schalk, Frankfurt 1963, S. 233-250.
Artur Bechtold, Zur Quellengeschichte der Simplicianischen Schriften. In: Zs. der Gesellschaft für Beförderung der Geschichts-, Altertums- und Volkskunde von Freiburg i. Breisgau, Bd. 26, 1910.
- Zur Quellengeschichte des Simplicissimus, Euphorion 19, 1912.
Werner Beck, Die Anfänge des deutschen Schelmenromans, Zürich, Phil. Diss. 1957.
Franz Brietzmann, Die böse Frau in der deutschen Litteratur des Mittelalters. In: Palaestra XLII, Berlin 1912.
Mathias Feldges, Grimmelshausens Landstörtzerin Courasche. Eine Interpretation nach der Methode des vierfachen Schriftsinns, Basel, Phil. Diss. 1969.
Friedrich Gundolf, Grimmelshausen und der Simplicissimus. In: Interpretationen 3, (Fischer Bücherei 716) Frankfurt und Hamburg 1966.
Klaus Haberkamm, Beiheft zum Ewig-währenden Calender, (Rosgarten Verlag) Konstanz 1967.
Wilhelm J. Hachgenei, Der Zusammenhang der Simplicianischen Schriften, Heidelberg, Phil. Diss. 1959.
Horst Hartmann, Bemerkungen zu Strellers Theorie der Zahlenkomposition, In: Zs. für deutsche Literaturgeschichte Nr. 5, 1959, S. 428-36.
Gustav R. Hocke, Manierismus in der Literatur, (rde), Hamburg 1959.
Karl Kissel, Grimmelshausens Lektüre, Giessen, Phil. Diss. 1928.
R. Koskimies, Theorie des Romans. In: Annales Acad. Scientiarum Fennicae, Helsinki 1936.
Eberhard Lämmert, Bauformen des Erzählens, Stuttgart 1955 / 1967.
Georg Lukacs, Die Theorie des Romans, Berlin 1920.
Fritz Martini, Geschichte und Poetik des Romans. In: Der Deutschunterricht, Heft 3 (1951), S. 86-99.
Bernhard Rang, Der Roman, Konstanz 1950.
Hubert Rausse, Zur Geschichte des spanischen Schelmenromans in Deutschland, Münster i. W. 1908 (= Münstersche Beiträge zur neueren Literaturgeschichte Heft 8).
Adam Schneider, Spaniens Anteil an der deutschen Literatur des 16. und 17. Jahrhunderts, Hamburg 1898.
Jan Hendrik Scholte, Probleme der Grimmelshausenforschung I, Groningen 1912.
- Der Simplicissimus und sein Dichter, Tübingen 1950.
Albrecht Schöne, Emblematik und Drama im Zeitalter des Barock, München 1968.
Siegfried Streller, Grimmelshausens Simplicianische Schriften, Allegorie, Zahl und Wirklichkeitsdarstellung, Berlin 1957.
- Spiel oder Forschungsgegenstand? (Antwort auf H. Hartmann) In: Zs. für deutsche Literaturgeschichte, Nr. 5, 1959, S. 437-40.

Hermann Tiemann, Das spanische Schrifttum in Deutschland von der Renaissance bis zur Romantik, Ibero-amerikanische Studien VI, Hamburg 1936.

Günther Weydt, Der deutsche Roman von der Renaissance und Reformation bis zu Goethes Tod. In: Deutsche Philologie im Aufriss, hrsg. von Stammler, Bd. II, Berlin 1960.

- Zur Entstehung barocker Erzählkunst. In: Wirkendes Wort, I. Sonderheft, 1935, S. 161-72.

- Planetensymbolik im barocken Roman. In: Tradition und Ursprünglichkeit, Akten vom III. Internationalen Germanistenkongress 1965, Bern 1966.

- Nachahmung und Schöpfung im Barock, Studien um Grimmelshausen, Bern und München 1969.

ABKUERZUNGEN

1. ZEICHEN

Mit Klammer markierte Ergänzungen und Auslassungen stammen von mir.

m.A.	=	meine(r) Arbeit

2. NAMEN, TITEL

Cal.	=	Ewig-währender Calender
Cour.	=	Courasche
Satyr. P.	=	Satyrischer Pilgram
Simpl.	=	Simplicissimus
Spri.	=	Springinsfeld
Vo I	=	Das wunderbarliche Vogel=Nest, Erster Teil
Vo II	=	Das wunderbarliche Vogel=Nest, Zweiter Teil
RK	=	Rowohlts Klassiker der Literatur und Wissenschaft
ZB / ZH	=	Zentralbibliothek Zürich